César Franck

PETER LANG
PROMPT

PETER LANG
Brussels • New York • Bern • Berlin
Vienna • Oxford • Warsaw

Franck Besingrand

César Franck

Entre raison et passion

PETER LANG
Brussels • New York • Bern • Berlin
Vienna • Oxford • Warsaw

Information bibliographique publiée par « Die Deutsche Nationalbibliothek »
« Die Deutsche Nationalbibliothek » répertorie cette publication dans la « Deutsche Nationalbibliografie » ; les données bibliographiques détaillées sont disponibles sur Internet sous ‹http://dnb.d-nb.de›.

ISBN 978-2-87574-601-6 (hardcover)
ISBN 978-2-87574-602-3 (ebook pdf)
ISBN 978-2-87574-603-0 (epub)
DOI 10.3726/ b19761

Cet ouvrage a été revu par des pairs avant sa publication.

© P.I.E. PETER LANGs.a. Éditions scientifiques internationales Brussels, 2022 avenue Maurice, B-1050 Bruxelles, Belgiumbrussels@peterlang.com ; www.peterlang.com

Tous droits réservés. Cette publication est protégée dans sa totalité par copyright. Toute utilisation en dehors des strictes limites de la loi sur le copyright est interdite et punissable sans le consentement explicite de la maison d'édition. Ceci s'applique en particulier pour les reproductions, traductions, microfilms, ainsi que le stockage et le traitement sous forme électronique.

Remerciements particuliers à Gilles Delivré, Anne-Laure Geffroy, Jean-Baptiste Geffroy, Philippe Geffroy, Denis Havard de la Montagne, Gautier Louyriac, Benoît Mernier, Frédéric Munoz, Victor Weller.

Table des matières

Préface — 11
Preludium — 15

1. D'un pays à l'autre — 17

   Un enfant de Liège — 17
   Révélation d'un talent — 19
   Un Belge à Paris — 22
   César-Auguste au Conservatoire — 23
   Soirées mondaines — 26
   Un jeune compositeur se révèle — 29
   Départ précipité de Paris — 32
   Ruth — 33
   Rupture et mariage — 35

2. La traversée du désert — 39

   Une vie laborieuse — 39
   Du Valet de ferme au Maître de chapelle — 40
   Nomination à l'orgue de Sainte-Clotilde — 43
   Franck et Liszt — 46

3. Rédemption et Béatitudes — 49

    Temps de guerre — 49
    La fin d'une vie obscure — 50
    De Rédemption au Conservatoire — 52
    Un enseignement libéral et bienveillant — 56
    Des vents du Zéphir aux Béatitudes — 60

4. Passions et accomplissement — 65

    Le Quintette et Augusta Holmès — 66
    Du Chasseur maudit aux Djinns — 70
    Autour d'une légion d'honneur — 72
    Des cloches du Montsalvat à Hulda — 73
    « Une petite chose » — 76
    Deuil et discordes — 77
    Un exténuant manège — 78
    Félicité, aussi — 81
    « Une âme amoureusement païenne » — 82
    Proust et la sonate de Franck — 84

5. Le chant ultime — 91

    Les cloches du soir — 91
    De la symphonie au quatuor — 92
    Les Trois Chorals — 98
    Vers la lumière — 101

6. Franck, chef d'école malgré lui — 105

    Les Lauriers de César — 105
    L'hypnose wagnérienne — 109
    Apogée et déclin de l'école franckiste — 112
    Belge ou Français — 119
    Une esthétique rayonnante — 122

7. Au pays des légendes — 129

    Le mythe du Pater séraphicus — 129
    Le jeu des contraires — 131
    Un chemin de réconciliation — 138

Postlude 143

Annexes

César Franck au fil des portraits 147

Maurice Emmanuel 147
Ernest Chausson 147
Augusta Holmès 148
Théodore Dubois 148
Vincent d'Indy 149
Claude Debussy 149
Louis Vierne 149
Charles Tournemire 149
Henry Gauthier-Villars, dit Willy 150
Romain Rolland 150
Sylvain Dupuis 151

Textes inédits 153

Henri Büsser parle de Franck 153
Gustave Charpentier et la classe de Massenet 155
« Souvenirs de famille » de Félix Boutet de Monvel 155
Parlant de sa sœur Cécile 163
Parlant de son père 164
« Souvenirs de Collège » par M. Lousteau 165

Exemples musicaux 169

Documents photographiques 175

Bibliographie sélective 197
Index des noms de personnes 201
Index des œuvres de César Franck 205

Préface

Lorsque l'on aligne les « grands noms » de l'Histoire de la musique occidentale, celui de César Franck n'est sans doute pas le premier qui affleure à l'esprit des mélomanes et des musiciens. Pourtant la musique et la figure de ce compositeur représentent à de nombreux égards un véritable modèle.

Rien dans sa vie, ni dans l'élaboration de son œuvre, ne se fit avec fracas. D'aucuns ont loué son talent, sa modestie, sa gentillesse, son attention délicate vis à vis de ses élèves qui lui vouaient une admiration sans borne. Son style, son langage, ses chefs d'œuvre, il les élabora dans la lenteur et la persévérance.

Cependant, redécouvrir aujourd'hui sa vie et ce qu'il laisse à la postérité semble l'un des plus beaux messages à adresser aux jeunes générations. Ce que Franck nous dit aujourd'hui pourrait se résumer en cet adage : « Cherche à être toi-même, prends le temps, trouve la patience pour cela, malgré les difficultés que tu pourras éprouver ».

À la lecture de ce livre de Franck Besingrand, il apparaitra de Franck à la fois une image de labeur, d'indépendance, d'humilité, d'écoute des grands maîtres qu'il admirait (Bach, Beethoven, Liszt, Wagner...), de ténacité mais aussi, et surtout, la réalité d'un poète inspiré.

Si l'on se concentre sur son œuvre organistique, force est de constater l'importance de son action qui donna naissance à une école glorieuse (Vierne,

Tournemire, Dupré, Messiaen… jusqu'aux générations actuelles d'organistes-compositeurs français tels Thierry Escaich, pour n'en citer qu'un seul).

Pourtant c'est en tant que pianiste qu'il s'engage dans ce métier d'organiste qui appelle par nature l'humilité et l'abnégation (étant par définition l'instrumentiste que personne ne voit).

Son père aspirait pour lui à une carrière de pianiste virtuose (ce qu'il était). César Franck préférera l'ombre des tribunes des églises. Sans doute pressentait-il inconsciemment qu'il ne pourrait bâtir son œuvre que dans le calme et la discrétion. Bien lui en prit car cette attitude lui permit de laisser à la fin de sa vie des œuvres totalement abouties (le *Quintette*, la *Sonate* pour violon et piano, la *Symphonie*, les *Trois Chorals*...). Ces œuvres n'ont pu voir le jour qu'au prix d'une lente évolution, même si certaines furent écrites rapidement, dans une forme d'urgence que seul le développement patient de son métier de compositeur lui donna l'occasion d'atteindre – sans doute ressentait-il une fin proche. D'autres exemples dans l'Histoire de la musique ont dû lui donner le courage pour trouver cette volonté opiniâtre de remettre sans cesse l'ouvrage sur le métier. Bach en est certainement l'un des plus beaux témoignages (pensons par exemple à ses *Chorals de Leipzig* qu'il reprit à la fin de sa vie pour les améliorer et qu'il consigna dans un précieux manuscrit).

L'auditeur de Franck aujourd'hui ne se sent jamais écrasé par un génie qui s'impose. Au contraire, sa musique appelle l'écoute, une écoute accompagnée par un auteur nous glissant doucement à l'oreille des mots qui nous aident à accepter et à aimer la lenteur, quelques fois la candeur aussi, des mots qui nous éveillent, qui nous incitent à respirer à son rythme, qui nous font frissonner de bonheur lorsque les éclats surviennent et qui, enfin, nous encouragent à patienter pour que d'autres moments de vertige adviennent. César Franck semble nous prendre sans cesse par la main pour nous entraîner à marcher tranquillement dans ses pas. Peu de compositeurs parviennent à cela. Il ne force rien, il dépose simplement devant nous les conditions de la grâce et de l'abandon.

Gageons que le livre de Franck Besingrand, publié à l'occasion du deux-centième anniversaire de la naissance de César Franck, puisse guider le lecteur et l'auditeur à approfondir ce que fut la vie de ce compositeur mais surtout qu'il nous aide à apprécier à sa juste mesure l'œuvre d'un génie qui, dans le renouvellement, a immanquablement à nous apprendre sur nous-mêmes et sur le monde.

Benoît Mernier, mars 2022.

Benoît Mernier est compositeur, organiste, Professeur d'orgue au Conservatoire Royal de Bruxelles et membre de l'Académie Royale de Belgique (Classe des Beaux-Arts).

Portrait de César Franck avec signature
Dessin original de Victor Weller, 2022, d'après Armand Rassenfosse.

Preludium

Contrairement à celle de Berlioz, l'existence de César Franck ne se prête en aucune manière au romanesque ou à la grandiloquence ; elle n'apparaît point brillante et glorieuse, comparée à l'ascension artistique flamboyante que connurent, à différents niveaux, Liszt ou Wagner. Elle n'incarne pas ce combat difficile contre l'adversité, la pauvreté ou la maladie qu'éprouvèrent, à des degrés divers, Beethoven, Schubert ou Chopin.

Pourtant au plus profond de lui, César Franck reste un romantique avec ses remous, ses passions intérieures et la fulgurance de sa pensée créatrice : sa musique peut en témoigner au fil de nombreuses pages.

Dans un déroulement du temps presque immuable, sa vie semble s'écouler apparemment paisible, presque effacée, partagée entre une certaine soumission à ses tiers et aux contingences du quotidien. L'ambivalence observée, dans plusieurs aspects de sa personnalité et de sa musique, explique ses difficultés à affirmer une indépendance d'esprit bien marquée, face aux réalités et aux défis présents dans la sphère artistique de son époque.

Dire qu'il fut mal compris et imparfaitement reconnu à sa juste valeur semble presque une gageure : déjà son parcours atypique le révéla comme un enfant quasiment prodige, propulsé dans le Paris romantique des années 1820–1840. Puis se profila une carrière de pianiste virtuose cependant vite avortée pour des raisons que nous découvrirons ainsi que de compositeur brillant et capable d'attirer l'attention de Mendelssohn ou de Liszt.

Du monde de l'opéra où il se montra peu à son aise, à une destinée plus propice de musicien d'église, d'organiste, de pédagogue, il chercha longtemps sa voie jusqu'à la libération fulgurante de son énergie créatrice dans les dix dernières années de sa vie, marquée par cette étonnante suite de chefs-d'œuvre appartenant pleinement à l'histoire de la musique.

Ce que l'on nomma, hâtivement, le « mystère Franck » relève tant du mythe que d'une mauvaise compréhension du musicien, associée à des images d'Épinal surannées, à une *légende dorée* véhiculée par quelques disciples et pouvant altérer certaines vérités historiques et artistiques.

Victime d'un certain prosélytisme par ceux qui se réclamèrent le plus de lui, il s'affirma, par-delà l'habit de chef d'école qu'on voulut lui faire endosser, comme une personnalité incontournable, parfois controversée, du renouveau de la musique française après la défaite de 1870, assorti d'un ardent nationalisme.

Lors de la célébration du centenaire de la naissance de César Franck en 1922, Jean Chantavoine rappelait que « si du romantisme son caractère a gardé les enthousiasmes, son œuvre en gardera l'accent[1] ».

Soyons confiants que le bicentenaire de sa naissance en 2022, marqué par d'importantes manifestations tant en Belgique que dans plusieurs villes européennes et par de nombreuses réalisations discographiques et éditions musicales, permettra à l'aura de César Franck de resplendir davantage, dans l'éclat particulier d'une œuvre dont on sait retenir les trois éléments essentiels de son message : la sincérité, l'émotion et la profondeur.

---

1 *Le Ménestrel*, 1er décembre 1922.

1
D'un pays à l'autre

Un enfant de Liège

Le 10 décembre 1822, à Liège, Nicolas-Joseph et Marie-Catherine Franck donnèrent naissance à leur premier enfant, prénommé César-Auguste-Jean-Guillaume-Hubert. Par la suite, trois autres fils virent le jour mais seul Jean-Hubert-Joseph (né en 1825) devait survivre. Du côté maternel et paternel, le sang était germanique et le premier Franck connu émigra d'Allemagne vers Aix-la-Chapelle au XVème siècle.

Les ancêtres de la famille Franck, appartenant à la bourgeoisie, étaient actifs dans les domaines de l'industrie et du fonctionnariat. Les derniers descendants de cette famille bien considérée dans la société et le milieu ecclésiastique, cumulèrent plusieurs fonctions dans l'administration locale, en particulier dans le milieu de la justice. Le grand-père paternel occupa les hautes fonctions de procureur de la justice de Gemmenich, de « Grossmayor » (sorte de bourgmestre du pays), de géomètre du duché de Limbourg, de notaire et de greffier. Son fils Nicolas-Joseph, venu de Völkerich (hameau situé aux confins du Limbourg Hollandais et de la Prusse) étudia à Aix-la-Chapelle avant de se fixer à Liège en 1817. C'est là qu'il se maria en 1820 avec Marie-Catherine-Barbe Frings, d'origine allemande et plus âgée que lui de six années. Le foyer des Franck s'établit au 13 rue Saint-Pierre (une rue ancienne de la vielle ville), près de la place Saint-Lambert. La façade de la maison du XVIIIème siècle a été modifiée en 1994 par l'architecte postmoderne Charles Vandenhove. Non loin de là, se trouve la collégiale Sainte-Croix[2] où fut baptisé, le 12 décembre 1822, le petit César-Auguste. Une plaque en cuivre à-côté des fonts baptismaux porte le témoignage du baptême.

Liège, « La ville aux cent clochers », la « Fille de la Meuse » comptait au recensement de 1846 plus de 75 000 habitants. Après avoir été la capitale de l'évêché du même nom, la ville devint le chef-lieu de L'ourte. Elle possédait une activité économique et commerciale non négligeable autour des années 1830 et sous un essor industriel assez fulgurant, notamment au niveau de la métallurgie, elle se modernisa. Heureusement, elle parvint à conserver ses atouts historiques remarquables, représentés par la citadelle, les sept collégiales, les palais canoniaux où l'on sentait l'empreinte assez forte laissée par l'aristocratie cléricale. Bref, « Liège est une de ces vieilles villes qui sont en train de devenir villes neuve », écrira Victor Hugo[3].

La ville fut placée sous l'administration française dès 1792 et resta française jusqu'en 1814, l'Autriche ayant cédé la Belgique à la France en 1794. Dès ce moment-là, les provinces belges et l'évêché de Liège furent rattachés à la Hollande, formant alors le royaume des Pays-Bas, jusqu'à la proclamation de la constitution du Royaume de Belgique en 1830.

En arrivant à Liège, Nicolas-Joseph Franck espérait trouver de bien meilleures perspectives d'avenir que dans la petite agglomération de Völkerich ; il dut se satisfaire d'un simple emploi de commis aux écritures dans une banque, travail bien en dessous de ses espérances. Entre les époux Franck, le contraste paraissait frappant : Nicolas-Joseph s'opposait à la douceur de son épouse par un caractère cassant, orgueilleux et prétentieux, sans doute humilié par une réussite médiocre et bien loin de satisfaire des ambitions sans doute démesurées. Cette ambition, assujettie de frustrations, il la reporta sur ces deux fils. Elle devint vite une véritable emprise et nul doute que les enfants eurent à souffrir de ce caractère intraitable et impitoyable, dirigiste à l'excès, susceptible d'entraîner d'indélébiles difficultés sur leur chemin de vie.

---

2 Actuellement l'édifice, assez remarquable, fait l'objet d'une importante restauration.
3 In *Le Rhin*, 1838.

« Arcades à Liège », gravure de 1840 (Coll. Part.)

Révélation d'un talent

César-Auguste fut liégeois de naissance, belge de nationalité et wallon d'éducation, avec le français comme langue parlée. Si on tient compte des racines allemandes bien ancrées de ses parents, cette surenchère d'éléments constituera l'origine d'un problème de nationalité qui poursuivra le musicien pendant longtemps. Nous y reviendrons.

Son éducation, dont il ne parla guère, se fit dans un environnement culturel assez porteur et bien ancré dans la tradition catholique. S'il montra très jeune une certaine disposition pour le dessin, c'est à la musique que son père voulut le destiner en priorité, et à point nommé car le Conservatoire Royal de Musique venait justement d'ouvrir ses portes, faisant suite à l'École Royale de Musique fondée par le roi Guillaume, quelques années plus tôt.

César-Auguste devint l'élève de ce nouvel et grand établissement en 1831. Il faut savoir qu'après la proclamation de son indépendance, la Belgique procéda à la réorganisation de ses institutions musicales en prenant largement modèle sur la France, et les établissements de Bruxelles et de Liège devinrent rapidement des Conservatoires, remplaçant les maîtrises religieuses antérieures. L'importance de la vie musicale à Liège fut déjà soulignée en 1797 par un juge de l'instruction publique, présentant à l'Administration centrale du département de l'Ourthe un mémoire pour demander la fondation d'une école de musique à Liège : « Vous savez, qu'il n'y a pas de département dans le République qui ait l'avantage de réunir autant d'artistes musiciens. La commune de Liège seule peut compter environ trois cents musiciens de profession ; elle peut se vanter qu'après Rome et Naples, aucune ville n'a un meilleur orchestre, composé de musiciens distingués qui ont fait leurs études en Italie ».

Joseph Daussoigne-Méhul (1790–1875) prit la direction du Conservatoire Royal de Musique. Cet éminent personnage, Grand Prix de Rome, compositeur en particulier de quatuors à cordes, de cantates, était conjointement le neveu, le fils adoptif et l'élève d'Étienne Méhul[4].

César-Auguste venait d'avoir tout juste neuf ans et ses progrès musicaux apparaissent rapides : pour preuve les appréciations louangeuses de ses premiers maîtres, soulignant la scrupuleuse préparation de ses devoirs et des dons pour le moins exceptionnels. Un de ses professeurs de solfège nota, en 1832 : « Bon sous tous les rapports » ; tandis qu'un autre renchérit : « Permet les plus grands espoirs. »

Ce qui frappe au demeurant, c'est l'extrême minutie qu'il apporta à ses travaux : une page de son cahier d'arithmétique l'atteste et il en sera de même pour tous ses devoirs d'écriture également conservés, en particulier le manuscrit de sa fugue réalisée pour le Prix de fugue au Conservatoire de Paris (1840), travail dont le musicien était fier et qui lui servit souvent de modèle pour ses propres élèves.

Avec Joseph Daussoigne-Méhul, le jeune garçon fit ses premières études en harmonie et contrepoint, au travers d'un enseignement différent de celui de Paris, à savoir que l'étude de l'harmonie découlait du contrepoint. Cette méthode, logique au demeurant, présentait de sérieux atouts pour la compréhension de l'écriture musicale car elle avait l'avantage de procéder selon l'ordre historique

---

4 Célèbre compositeur d'opéras sous la Révolution française, il fut l'un des fondateurs du Conservatoire de Paris.

d'apparition des deux sciences, préliminaires indispensables à la composition musicale.

Joseph, le jeune frère, également assez doué en musique, fut inscrit en classe de violon, tandis que César-Auguste confirmait ses aptitudes musicales. Il remporta plusieurs récompenses, dont le Premier Prix en piano en 1834 et par cette Médaille d'Honneur, il obtint un poste de répétiteur dans la classe de piano, mettant ainsi un pied à l'étrier dans cette fonction pédagogique qu'il ne devait jamais plus abandonner. En outre, il s'essayait à la composition dès l'âge de onze ans, avec des pièces pour piano telles un *Grand Rondo*, une *Fantaisie*, des *Variations sur l'air du Pré-aux-clercs*.

Bref, des débuts très prometteurs qui décidèrent Nicolas-Joseph à « lancer » ses deux fils dans une carrière musicale itinérante, un peu à la manière du petit Mozart : ce furent des concerts à Louvain, Malines, Aix-la-Chapelle…

César-Auguste fit ses premières armes dans le dur métier de concertiste à Bruxelles, en jouant en présence du roi Léopold I de Belgique. Il s'y distingua en tant que pianiste (soliste ou accompagnateur de son frère) et comme compositeur. Il interprétait ses pièces écrites dans le goût du jour, en utilisant des thèmes d'opéras, ce dont raffolait le public. Le *Courrier de la Meuse* du 14 février 1835 fut particulièrement élogieux pour César-Auguste, présenté comme « une petite merveille de l'art musical ». La même année, il donna ses premiers concerts publics à Liège, interprétant la partie soliste du *Troisième concerto* de Hummel, à la demande de la Société Grétry qui récoltait des fonds pour ériger la statue du musicien (placée aujourd'hui devant l'Opéra Royal de Wallonie-Liège)[5].

Malheureusement, la pression du père pesait sur les deux enfants : Nicolas-Joseph se montrait de plus en plus exigeant et dominateur. Vincent d'Indy le surnomma plus tard avec raison, « le Thénardier musical », petit clin d'œil aux *Misérables* d'Hugo.

Ainsi naquit l'exploitation commerciale de ses enfants par Nicolas-Joseph Franck, très vite baptisée « l'entreprise Franck Père et Fils ». Grandement assoiffé d'ambitions, le père ne pouvait plus se limiter aux terres de Belgique : il fallut parfaire à Paris les études musicales de ses fils, afin qu'ils acquièrent les récompenses nécessaires à leur consécration.

---

5 André-Ernest-Modeste Grétry, célèbre compositeur d'opéras-comiques, était né à Liège en 1741.

Un Belge à Paris

Le Premier Empire (1804) puis la Restauration (1814–1830) marquèrent de profonds bouleversements dans la société française. Le romantisme, apanage de l'individualisme, n'eut de cesse d'affirmer sa vocation « civilisatrice » en contribuant à remplir, selon le vœu exprimé par Victor Hugo, une triple mission nationale, sociale et humaine. De son côté, Alphonse de Lamartine dans ses célèbres *Méditations* (1820), invoqua une poésie « qui doit se faire peuple et devenir populaire ».

Le vrai héros romantique, présent dans les romans et dans l'univers pictural et musical, devint l'artiste lui-même : Berlioz le démontra magistralement dans sa *Symphonie Fantastique* (1830), suivie de *Lélio, où le retour à la vie* (1831).

La littérature romanesque foisonnait (*Le Rouge et le Noir* et *La Chartreuse de Parme* de Stendhal (de son vrai nom Henri Beyle), respectivement écrits en 1830 et 1839, tirant parfois du côté du réalisme (*Colomba* de Mérimée, 1840) ou de l'idéalisme propre aux romans de Georges Sand. Deux figures majeures dominèrent l'époque : Honoré de Balzac et Victor Hugo. Balzac se distingua par une œuvre romanesque importante : *Le Père Goriot*, 1835, faisant partie et cette somme gigantesque de plus de quatre-vingt-dix ouvrages intitulée *La Comédie humaine*, achevée en 1850. Hugo, poète et romancier (*Notre-Dame de Paris*, 1831), resta très engagé et controversé au sein du monde social et politique.

Dans les Beaux-arts, Eugène Delacroix, figure majeure, peignit en 1830 de grandes scènes patriotiques dont *La Liberté guidant le peuple* (toile inspirée par la révolution des Trois Glorieuses). Au même moment se déployaient l'art plus intériorisé de Jean-Baptiste Corot ou plus classique de Dominique Ingres.

Paris a ses exigences ! Il faut pouvoir conquérir cette ville cosmopolite au niveau culturel (beaucoup de compositeurs et de pianistes s'y installèrent), en sachant user d'influences, d'appuis et d'audace pour parvenir à se faire une place. Et justement les places sont chères, César-Auguste en fera l'expérience tout comme son futur ami Franz Liszt qui s'exclamait en 1837 : « Paris est aujourd'hui le centre culturel du monde ! ». De son côté, Balzac y voyait « la capitale de la vie élégante », où vie mondaine et vie artistique se conjuguent avec bonheur. Wagner (1813–1883), parisien un temps, manifesta avec force son enthousiasme : « Paris est le cœur de la civilisation moderne ! ».

Rien d'étonnant, car la musique s'y imposait comme une évidence, selon un article de la *Gazette musicale* : « Paris, plus qu'un goût, c'est une passion ; plus qu'une passion, c'est un délire[6] ».

Le théâtre lyrique révéla également sa suprématie, tout en recherchant une difficile identité nationale parmi les succès triomphaux de l'allemand Giacomo Meyerbeer (1791–1864) écrivant *Les Huguenots* (1836), *Le Prophète* en (1849), et la suprématie de l'art italien révélée par Spontini, Bellini (*Les Puritains,* 1835) ou Donizetti (triomphe parisien avec *Don Pasquale*, 1843).

Berlioz apparut très rapidement comme le « créateur de l'orchestre moderne », publiant en 1844 son *Grand Traité d'orchestration et d'orchestre moderne*. La *Symphonie fantastique* s'affirma comme une œuvre controversée où l'enthousiasme des uns se heurta à l'incompréhension des autres : le *Figaro* parlera « de la bizarrerie la plus monstrueuse qu'on puisse imaginer ». Mais qu'importe, la symphonie berliozienne restait révolutionnaire à la fois par les nouveautés de l'orchestration et par un plan formel inhabituel.

César-Auguste au Conservatoire

Même muni d'un mot de recommandation de Daussoigne-Méhul à l'intention de Luigi Cherubini (1760–1842), directeur du Conservatoire de Paris, Nicolas-Joseph Franck trouva closes les portes de l'établissement prestigieux car l'inscription des élèves étrangers n'était pas admise. Toutefois le chemin de la formation ne demeura pas lettre morte pour César-Auguste : il travailla en privé avec Anton Reicha (1770–1836), compositeur prolixe et auteur de traités didactiques comme *L'Art du compositeur dramatique*.

Malheureusement, il ne bénéficia pas longtemps de ce précieux enseignement : le maître décéda l'année suivante. Mais le travail avec Reicha fut prolifique : le jeune homme réalisa d'innombrables fugues, transcrites d'une main irréprochable dans plusieurs gros cahiers, ce qui lui donnera ce savoir dont il saura bien tirer profit dans ses œuvres futures. Le dernier cahier porte la mention : « Fin du travail avec Monsieur Reicha, Mon Maître, décédé rue du Mont-Thabor le 26 mai 1836 ».

En 1837, l'obtention de la nationalité française pour le père et de la double nationalité pour les enfants, permit à César-Auguste d'entrer enfin au Conservatoire dans la classe de piano de Pierre-Joseph-Guillaume Zimmerman

---

6 Octobre 1842.

(1785-1853), pédagogue renommé ayant formé en particulier Bizet, Alkan, Gounod et rédigé l'importante *L'Encyclopédie du pianiste*. Zimmerman sembla s'attacher à son nouvel élève : « Le jeune César-Auguste Franck est l'un des enfants le mieux organisé que j'ai connu ; il joint aux plus brillantes dispositions une aptitude à ses études qui me donne l'assurance que ses sera un artiste très distingué ». Pour parfaire son métier en écriture musicale, César-Auguste fréquenta la classe de contrepoint et fugue d'Aimé Leborne, considérée comme un vivier artistique pour entrer dans le monde de l'opéra. Fort de cette émulation, notre musicien paracheva sa formation en écriture, et en 1839 s'inscrira dans la classe d'Henri Berton, dite de « haute composition ». Il y composera jusqu'en 1841 *Six Cantates d'essai* pour sa préparation au Pris de Rome, ainsi qu'un opéra en trois actes *Stradella (1841)*[7]. Ces cantates sont une découverte et l'on en sait plus grâce aux importants travaux de recherches universitaires menés récemment par Anne-Laure Geffroy, descendante directe de César Franck. Quatre de ces cantates sont des scènes lyrique et cinq sont écrites avec orchestre (dont la troisième pour ténor intitulée *Orphée dans les bois*). Ces pages paraissent décisives pour l'évolution stylistique du jeune compositeur, en pariciculier par l'équilibre entre les voix et les instruments, par le travail du contrepoint et l'apport des modulations, par l'instrumentation. En un mot, Franck saura mettre à profit toute cette matière musicale dans ses œuvres à venir.

Lors de l'examen de piano en août 1838, le jeune musicien affirmant son écrasante suprématie, le jury lui décerna le Grand Prix d'honneur pour son interprétation d'un concerto, réputé difficile, de Hummel et pour son exceptionnelle épreuve de déchiffrage. Il se permit de transposer à la tierce mineure – de plus, sans faute – le morceau donné et cette témérité ne fut assurément pas au gout de Cherubini, président du jury. Pourtant l'enthousiasme du public entraina le jury à octroyer au jeune homme téméraire le Premier Grand Prix d'Honneur, attribuant à ses concurrents trois premiers prix. Cette formule, pour le moins exceptionnelle, ne devait plus se renouveler par la suite. La presse relata l'épreuve en terme élogieux et Cherubini annonça ainsi le résultat : « Le jury ayant décidé que Monsieur Franck était hors ligne, personne ne devait partager avec lui, on donnera un second premier prix à ceux qui aurait mérité le prix ordinaire. »

---

7 . Cet opéra, dans sa version originale avec piano fut exécuté seulement en 1885 à l'Opéra-comique de Paris. L'orchestration assez récente du compositeur belge Luc van Hove, donna lieu à une représentation à l'Opéra Royal de Wallonie-Liège en 2021.

L'obtention du premier prix de contrepoint en 1840 lui attira de même des félicitations. On sait que Franck attachera beaucoup d'importance à sa remarquable fugue, donnée longtemps en exemple : « Je crois, père, que j'ai bien travaillé ! » déclara-t-il de retour chez lui (selon une anecdote que le musicien reporta plus tard à Vincent d'Indy).

Un second prix d'orgue l'année suivante (car Franck fréquenta quelques temps la classe d'orgue dirigée par François Benoist) clôturera son parcours musical. Tout semblerait donc aller pour le mieux, hormis la situation matérielle des Franck plutôt préoccupante. Assurément les finances ne furent jamais florissantes, surtout au début de l'installation parisienne[8] et la famille s'endetta, avec des échéances difficiles à tenir. César-Auguste se mit en quête d'avoir des élèves pour contribuer à faire bouillir la marmite familiale, ce qu'il continuera, du reste, à faire toute sa vie…

Heureusement le succès apparut à l'horizon et les concerts se succédèrent pour le jeune homme, soit en soliste, soit en duo avec son frère : en 1837, on le retrouve jouant deux fois au salon de Pape, le célèbre facteur de pianos. Il participa également aux concerts privés du cercle du faubourg Saint-Germain et dans divers lieux parisiens.

Des critiques furent laudatives, comme celle de la *Gazette musicale* du 23 février 1837 où il est dépint, suite à une prestation à l'Athénée musical, comme « pianiste habile et bon harmoniste ; c'est beaucoup. Mais il peut devenir mieux encore ».

De son côté, *Le Ménestrel* souligna en mai 1837, « le contraste qui existe entre son âge, à peine au-dessus de l'enfance et la maturité de son talent ». Le journal *La Paix* fut très élogieux : « On a reconnu en lui, à la sûreté de l'énergie souple et savante de son jeu, les qualités essentielles et très distinctes du pianiste et de l'accompagnateur[9]. »

En mars 1839, le jeune pianiste se confrontera à Alkan, Pixis et Liszt, dans un récital à la Société de Concerts, ce qui lui vaudra l'honneur mitigé de Berlioz au travers d'un compte-rendu : « M. César-Auguste Franck a exécuté avec éclat, vigueur et précision une *Fantaisie* fort longue de Hummel, qui a paru insupportable aux quatre-vingt-dix-neuvièmes centièmes de l'auditoire et qu'on a supportée cependant par égard au beau talent du jeune virtuose. On eût applaudi vingt

---

8 De 1835 à l'été 1836, les Franck habiteront rue de Joubert, puis jusqu'en 1841 au 41 rue de Montholon, suivi d'un court séjour jusqu'en 1842 rue Trévise, à deux pas du Conservatoire et de l'Opéra.
9 31 mai 1837.

fois plus M. Franck pour les belles qualités de pianiste et de musicien qu'il a montrées s'il eût mieux choisi son morceau[10] ».

Mais l'évident arrivisme de Franck- père, ses maladresses ou emportements au travers de son rôle controversé d'impresario, soulevèrent dans les milieux officiels quelques réserves, voire des sarcasmes. On approuvait dans une demi-mesure les articles qu'il écrivait comme des « lancements publicitaires », se nourrissant d'attestations élogieuses de Zimmerman et Reicha avec en contrepoint quelque mention, au parfum mozartien : « phénomène de douze ans » !

Le critique Henri Blanchard, réputé pour sa plume bien aiguisée, ironisa en faisant état de « l'admiration naïve de M. Franck père pour ses enfants », en se moquant ouvertement « des prénoms ambitieux » portés par César-Auguste, auxquels il les substitua ingénieusement du sobriquet « César-Auguste-Franck-père ».

Un autre de ses articles, intitulé « Messieurs César-Auguste-Franck et Pape », se révéla tout aussi caustique en marquant clairement son aversion pour le clan Franck : « Un empereur romain et un souverain pontife de nom au moins... se sont prêté un mutuel appui... M. César-Auguste Franck, méprisant l'axiome qui dit qu'on ne court pas deux lièvres à la fois, s'est mis à en poursuivre trois : il professe le piano avec succès, exécute comme il professe et n'espère pas obtenir moins de succès comme compositeur[11]. »

Soirées mondaines

Dans la capitale en pleine effervescence musicale, il se trouvait une pléthore de pianistes se partageant, avec frénésie et succès, les salles de concerts et les salons. En 1823, Franz Liszt (1811–1886) arriva dans sa treizième année à Paris, précédant de douze ans son futur ami César-Auguste. Mais si Liszt restera treize ans dans cette ville qu'il adorait, Franck n'en partit jamais...

L'autre grand pianiste, admiré de Liszt et de Robert Schumann (1810–1856), s'appelait Frédéric Chopin (1810–1849). Exilé de Pologne, dès 1831 il s'établit en grande partie à Paris, où il mourut. À son ami Titus Woyciechowski, il écrivit : « Je ne sais s'il y a une ville sur terre où l'on trouve autant de pianistes qu'à Paris ! ».

Citons parmi les plus célèbres de ces virtuoses : Sigismund Thalberg (véritable rival de Liszt), Stephen Heller, Antoine-François Marmontel et Marie Pleyel,

---

10 In *Revue musicale*, 31 mars 1839.
11 In *La Gazette musicale*, 20 mars 1842.

connue comme la fiancée de Berlioz avant son mariage avec le fils du grand facteur de piano Ignace Pleyel.

Un article du *Ménestrel*, en décembre 1837, attirait l'attention sur l'extraordinaire prolifération des concerts parisiens : « L'industrie des concerts date de 1830 ; avant cette époque, peu d'artistes osaient appeler la foule pour les entendre (...). Mais bientôt les concerts d'artistes se sont multipliés ; on en a fait une spéculation. »

On le voit, le piano trouve sa place royale mais qu'en est-il de l'orchestre ?

François-Antoine Habeneck, chef d'orchestre attitré de l'Opéra et créateur de nombre œuvres de Rossini, Meyerbeer et Berlioz, participa activement à la toute nouvelle Société des Concerts du Conservatoire. Peu de temps après, en 1835, fut célébré l'ouverture du Gymnase musical, lequel restera très actif pour la promotion de la vie musicale parisienne. Cette grande salle, inaugurée par Liszt, Meyerbeer et Berlioz, pouvait accueillir un orchestre avec des chœurs.

À Paris, l'on a toujours aimé se cultiver, en particulier autour de 1830, époque où fleurissaient, suivant les quartiers, des réunions d'artistes et d'écrivains dans des soirées baptisées « salons ». On peut aisément définir les lignes géographiques de ces cercles artistiques et mondains à l'époque de la monarchie de Juillet, suivant l'appartenance à tel ou tel clivage politique, tel rang social. D'abord le faubourg Saint-Germain, fief de l'aristocratie de l'Ancien Régime ; ensuite le quartier de la Chaussée d'Antin, élaboré sous la Restauration et faisant rayonner ce que l'on nomme « La Nouvelle Athènes », enfin le quartier Saint-Georges.

Les grandes demeures d'aristocrates ou de grands bourgeois se prêtaient à ces rencontres entre « gens de bonne compagnie », souvent d'un rang social élevé et de surcroît amateurs de lettres et d'art. Ainsi nous trouvons le salon de Marie d'Agoult – à l'époque où elle s'installa avec Liszt –, se trouvant à l'Hôtel de France : c'est là que Georges Sand rencontrera Frédéric Chopin, un être délicat et raffiné, préférant se produire dans les salons et peu enclin, selon Berlioz « à jouer dans de grandes salles, devant un public turbulent et mélangé (...). Il aime le calme, l'attention d'un auditoire peu nombreux mais sympathique[12] ».

Chopin en 1833, raconta ainsi son entrée dans le « monde » aristocratique : « Je me trouve introduit dans le grand monde, au milieu d'ambassadeurs, de princes, de ministres, je ne sais par quel miracle car je n'ai rien fait pour m'y pousser. Mais c'est, dit-on, pour moi chose indispensable que d'y paraître car c'est de là, affirme-t-on, que vient le bon goût. »

---

12 *Chroniques de Paris*, 18 juin 1837.

Les salons favorisent les échanges, certes, mais permettent encore plus de tisser des liens affectifs : La comtesse Marie d'Agoult, dans son salon, fera la connaissance de Chopin et de Liszt dont elle deviendra la compagne.

Étaient fréquentés aussi le salon de l'écrivain le Marquis de Custine – où se retrouvaient Lamartine, Liszt, Chopin, Jules Janin, écrivain réputé et critique dramatique –, « Les Dimanches » de l'ambassadeur d'Autriche au Vieux faubourg, enfin les soirées chez la princesse et écrivain Cristina Belgiojoso (rue d'Anjou, au Faubourg Saint-honoré), témoins de fameuses confrontations artistiques. Ainsi celle du 31 mars 1837, restée célèbre, où la princesse organisa une rencontre entre Liszt et Thalberg : ce fut une véritable joute pour savoir lequel des deux se révèlerait en tant que meilleur pianiste.

Quant au fameux salon du square d'Orléans (dit de *L'Athénée musical*), appartenant au pianiste Zimmerman, « il est au monde musical ce que le temple de la Bourse est au monde financier. Là se côtoient tous les talents de l'époque, là s'escomptent tous les succès, là se négocient toutes les gloires[13]... ».

Situé sur la colline de Montmartre, ce square abritait les demeures de Georges Sand et de Chopin (dès 1842), d'Alexandre Dumas père, de Marmontel, de Kalkbrenner et d'Alkan. Dans ce qui devint un véritable temple artistique, les échanges de nombreuses personnalités devenaient porteurs d'une sorte de « fusion des arts », avant l'heure !

Trouve-t-on une place pour César-Auguste Franck dans ce Paris artistique ? Il aurait pu, certes, tenir un rôle dans ses salons, toutefois en sachant montrer plus de prestance et d'aplomb. Seulement, il ne possédait pas l'étoffe d'un Thalberg ou d'un Liszt : son jeu, cependant habile et reconnu, ne pouvait que difficilement l'amener à plus de brillance. De plus, par sa timidité naturelle ajoutée à un retrait certain, il apparaissait gêné et malhabile au sein de cette société mondaine. En fait, son maigre bagage culturel dû à son insuffisante formation générale, ne pouvait que l'éloigner des conversations plus ou moins savantes. De surcroit, n'ayant pas cette touche d'élégance si recherchée dans ce milieu enclin à l'apparat, il n'affirmait pas un pouvoir de séduction suffisant et capable de lui ouvrir grandes les portes de la mondanité et des honneurs.

Toutefois, bon gré mal gré, il persévéra dans l'accomplissement de son art et dans son chemin d'ascension. S'il se montra actif dans ses activités d'interprète, il savait qu'il ne pourrait que difficilement atteindre les sommets de la gloire. On a plaisir à le retrouver, en 1843, jouant par deux fois, avec le concours de son frère,

---

13 In *Le Ménestrel*, 6 janvier 1839.

ses propres œuvres dans les salons de Jean-Henri Pape et de Pierre Érard. Mais un autre domaine l'attirait davantage : celui de la composition, dans laquelle il se retrouvait pleinement depuis la plus tendre enfance, afin de s'évader de ses charges professionnelles et assurément de contrebalancer l'oppression paternelle, de plus en plus lourde à supporter.

Un jeune compositeur se révèle

Franck va très vite se montrer particulièrement prolixe dans ses œuvres pour piano, de musique de chambre et même orchestrales. Nous savons qu'il écrivit une *Première Symphonie à grand orchestre* en sol mineur, vraisemblablement interprétée en 1840 à Orléans et dont le manuscrit reste malheureusement perdu.

En 1835, il s'était attelé avec succès à un *Second Grand Concerto* en si mineur pour piano et orchestre, partition qui se remarque par son élégance, sa maîtrise formelle et son expression fiévreuse. L'écriture pianistique, virtuose et équilibrée, se ressent des influences conjuguées de Beethoven, Hummel et Weber (en particulier de son *Konzertstück* écrit en 1821).

Les œuvres pour piano solo abondent, souvent habiles et attachantes, cependant très redevables à l'esprit du temps : *Églogue* op. 3, la belle et romantique *Ballade* op. 9, la *Première Grande Sonate* op. 10, des *Fantaisies* (dont celles op. 11 et 12 sur des thèmes d'opéras en vogue, à la manière de Liszt et Thalberg). Bref, un répertoire souvent très virtuose qui atteste d'un métier de compositeur dèja bien affirmé, parfois surprenant par sa précocité et son éloquence.

Mais plus que tout, les *Quatre Trios concertants* révèlent la maîtrise de César-Auguste. Cette formation pour piano, violon et violoncelle, prisée par Beethoven, Schubert, Alkan, Onslow, Hummel ou Kalkbrenner, faisait « souvent les honneurs de soirées musicales, en un mot cette production peut être appelée la *symphonie des salons*[14] ». En utilisant cette formation si à la mode, notre jeune compositeur savait qu'il pouvait séduire un large public et se révéler le plus favorablement possible parmi ses illustres contemporains.

Le *Premier Trio* en fa dièse, assurément le plus saisissant du corpus, obéit au principe cyclique dans son entier, ce que d'Indy souligna comme étant une première dans l'histoire musicale. On peut aisément affirmer que ce chef d'œuvre, assez impressionnant pour être sorti de la plume d'un jeune homme de dix-huit ans, contenait en germe tout ce qui fera la particularité du langage

---

14 Léon et Marie Escudier, *Dictionnaire de musique théorique et pratique*, Dentu, 1842.

franckiste : originalité et agencement des thèmes, dramatisme puissant et intériorité, et ceci dès le premier mouvement (*Andante con moto*).

César-Auguste édifie les trois mouvements uniquement sur deux thèmes : le premier (A) de caractère inquiet, est joué au violoncelle et s'accompagne d'un élément contrapunctique au piano qui, par son dynamisme, se révèlera vite prépondérant.

Le second motif (B), au piano, constitue le thème cyclique : expressif, il s'offre dans un mouvement conjoint ascendant, puis descendant et apporte la sérénité après l'ambiance tumultueuse du début (*EX. musical 1, voir en annexes*).

Les éléments thématiques apparaissant à part entière comme des entités, parviennent à conférer à l'œuvre une unité pour le moins magistrale ; soulignons l'audace de construction dans le *Scherzo* (second mouvement), la saisissante apparition dans le *Final* (allegro de sonate de forme plus traditionnelle) des deux thèmes conducteurs présents dans le premier mouvement.

Le *Second Trio* en si bémol majeur, dit « de salon », se compose de quatre mouvements. En raison d'une écriture plus conventionnelle et malgré de beaux élans mélodiques, il apparait en général moins bien considéré que le précédent, mais il offre cependant d'intéressantes recherches rythmiques, particulièrement présentes dans l'*Andante* et dans le *Final*.

Le *Troisième Trio*, débutant au piano par de grands traits d'octaves lisztiens, révèle un splendide *Adagio* avec un thème élégiaque, intensément expressif, et témoigne de la maturité affirmée du jeune compositeur.

Liszt connut assez tôt les trios de Franck, peut-être lors d'un concert dans le salon de Pape. Malgré un enthousiasme certain, il trouva le *Final* du *Troisième Trio* trop fourni et capable à lui seul de donner matière à une œuvre entière. Le jeune musicien, suivant ses conseils, transforma son final, en fit en un nouveau trio en un seul mouvement, et réécrivit un nouveau final pour le *Troisième*.

Le *Quatrième Trio*, œuvre puissante, riche d'idées et de paysages musicaux contrastés, apparaît comme une synthèse des trois précédents trios. On y relève un discours agité dans une alternance d'ombre et de lumière (préfiguration de ce que sera l'art du musicien dans ses œuvres futures), un véritable éclatement de l'instrumentation vers quelque chose de plus orchestral. L'unique mouvement de cette partition offre une particularité : les expositions sont inversées et la dernière partie énonce le second thème, tandis que la dernière met en valeur le premier.

En 1856, Liszt témoigna à Franck l'attachement qu'il portait à ses trios et l'engouement qu'ils suscitaient en Allemagne : « Vous connaissez la sincère et grande estime que je fais de votre si remarquable talent, et ne sauriez par conséquent douter du plaisir que j'aurai à l'exprimer en toute circonstance opportune…

En Allemagne (...) vos Trios continuent de fixer l'intérêt des artistes sérieux et tout dernièrement un jeune maître qui s'est trouvé au premier rang, M. de Bülow, a joué avec un grand succès le trio en fa dièse mineur à Berlin. »

Déjà, dans une lettre du 28 janvier 1854 à Léon Escudier, Liszt avait loué les *Trois Trios* en termes très flatteurs : « Il y a bien des années que j'ai une opinion très favorable du talent de compositeur de Monsieur Franck par l'audition de ses trios, fort remarquables à mon sens et très supérieurs à d'autres ouvrages du même genre publiés ces dernières années. »

Nicolas-Joseph Franck, toujours avide de favoriser la notoriété de son fils aîné – et de surcroît la sienne ! –, se mit en quête de faire éditer les trios en lançant une souscription publique afin de réunir les fonds nécessaires. En tête des souscripteurs, on trouva les noms illustres de Meyerbeer, Liszt, Alkan, Auber, Adam, Donizetti, Chopin et Halévy.

C'est en 1843, avec une dédicace au roi Léopold de Belgique, que furent édités chez Schlesinger *Trois Trios concertants pour piano, violon et violoncelle opus 1* de César-Auguste Franck. On sait que l'accueil de cette parution fut encore plus favorable en Allemagne : Mendelssohn, à qui Franck avait sollicité en 1846 son avis concernant, selon ses dires, « les qualités et les défauts que vous y avez trouvés », félicita chaleureusement le compositeur dans sa réponse, en souhaitant s'entretenir avec lui « au sujet de ces compositions et vous dire tout ce que j'y trouve ».

Malheureusement, cette rencontre ne put avoir lieu, Mendelssohn décédant l'année suivante...

Une œuvre très inspirée mérite tout à fait d'être également mentionnée : l'*Andantino quietoso* pour violon et piano op. 6, écrit en 1843. Ici un lien privilégié avec le monde schubertien apparaît presque secrètement, au niveau de l'expressivité et de l'intériorité. Dans cette partition raffinée et inspirée, se trouvent opposés un thème en mode mineur joué au piano, avec un mouvement régulier de la basse, et un motif en mode majeur, plus lumineux destiné au violon. Un dialogue fluide va se nouer tout au long de la pièce, avec une superposition des thèmes témoignant déjà de la sûreté du musicien en matière d'écriture musicale. Par le caractère méditatif et intériorisé de ce mouvement marqué *quietoso* (ou *quieto* signifiant « calme »), Franck prend du recul vis à vis de la musique de salon habituelle, ouvrant clairement la voie à ce qui sera l'essence même de sa future musique.

D'autres inclinaisons toutes schubertiennes sont aussi à relever dans l'introduction du *Premier Trio* (notes détachées à la main gauche au piano suivies d'une longue phrase lyrique au violoncelle).

L'on sent encore l'influence de Schubert dans les premières mélodies que Franck écrivit dès 1842 : *Souvenances*, avec ses harmonies fluctuantes, puis *Ninon*, et surtout *L'Émir de Bengador*, avec son introduction si caractéristique et ses ritournelles présentes dans la partie pianistique. En 1844, il transcrivit pour le piano quatre lieder de Schubert, preuve s'il en fallait de son attachement presque filial au grand maître allemand.

Départ précipité de Paris

Coup de théâtre : le 22 avril 1842, César-Auguste quitta subitement le Conservatoire, bien avant l'obtention du premier pris d'orgue : il devait, sans discuter, suivre les directives du père, « impatient de succès monnayés et qui, voyait dans la carrière du pianiste l'idéal à poursuivre, escomptant surtout les profits à recueillir[15] ».

On évoqua la route toute droite qui s'offrait au jeune musicien pour la conquête du Prix de Rome, avec l'encouragement de ses professeurs mais une fois résolu la question de l'obtention de la pleine nationalité française. Et de cela, Nicolas-Joseph Franck ne voulait pas en entendre parler : permettre à son fils de voler de ses propres ailes signifierait l'abrogation pure et simple de l'autorité paternelle ! De surcroit, le Prix de Rome risquait de propulser le jeune homme dans une voie de compositeur, ce qui pouvait compromettre celle de concertiste dont rêvait si ardemment le père.

Le choix fut vite fait : il fallut vite quitter Paris. On sait que l'une des raisons de se départ était qu'une possibilité de concourir pour le Prix de Rome venait de se créer en Belgique, preuve que le père de César-Auguste n'y avait pas totalement renoncé. Mais cela resta sans suite et dès 1843, la famille Franck reprit son bâton de pèlerin pour permettre à César-Auguste et à son frère de donner des concerts dans le Nord du pays, jusqu'en Belgique.

De passage à Liège, les deux musiciens eurent le plaisir de jouer avec succès les *Trios* et César-Auguste interpréta également ses œuvres pour piano dont la *Ballade* op.9, l'une de ses plus réussies. Précisons que cette venue à Liège sera l'une de ses dernières[16].

Si une occasion lui fut donnée, lors de sa tournée, de retrouver son ami Liszt et de connaître un peu de bonheur, l'exitence lui pesait car il commençait

---

15 Maurice Emmanuel, *César Franck*, op. cit.
16 Il ne devait y revenir qu'en 1879 pour y diriger *Ruth*.

à éprouver un violent rejet pour l'insupportable emprise paternelle, assortie d'un incessant battage médiatique. Heureusement les critiques se montrèrent plus que favorables : « Le jeune pianiste est devenu un maître, et la Belgique compte un grand artiste de plus », salua la *Gazette musicale*[17], à l'occasion d'un concert donné à Bruxelles.

Finalement, dès 1844, la famille Franck retourna à Paris avec la reprise pour César des leçons de piano au domicile familial, 43 rue Laffitte.

C'est ainsi que la vie parisienne reprit ses droits...

Ruth

À la suite du Concordat, la musique religieuse va connaître un nouvel essor grâce à l'amorce d'un retour de la liturgie catholique traditionnelle. Mais la théâtralité restait présente dans les *Messes* écrites à l'occasion d'évènements historiques : *Messe pour le Sacre de Louis XVIII* (1819) et Requiem (1836) de Cherubini, *Requiem* (1837) et *Te Deum* (1849) de Berlioz.

En ces temps-là, l'orientalisme vint visiter la sphère artistique comme en témoignent *Les Orientales* d'Hugo (1829), plusieurs poèmes de Lamartine et des toiles de Delacroix. Côté musique l'influence se fit sentir aussi bien dans *Nurmahal* (1822) de Spontini que dans *Le Désert* de Félicien David (1844).

Franck, de son côté, écrira *Ruth* en se souvenant assurément de l'impact reçu par le *Joseph* de Méhul (1807). Peut-être son nouvel ami le jeune Charles Gounod (1818–1893) lui conseilla d'écrire cette *églogue biblique,* mais plus encore Nicolas-Joseph Franck, électrisé par les succès du *Désert* et opportuniste à l'extrême, orienta son fils sur la voie de l'orientalisme.

L'œuvre fut créée salle Erard en novembre 1845, avec un effectif réduit, le piano remplaçant l'orchestre. Plusieurs personnalités musicales assistèrent à l'audition, en particulier Liszt, Spontini, Moscheles, Meyerbeer, Adam. Dans cette œuvre, on descella quelques faiblesses dues en particulier à un manque de relief, à une écriture assortie d'effets trop théâtraux et nettement influencée par Meyerbeer. On observe aussi quelques analogies, çà et là, avec les styles de Méhul et de Félicien David. La partition révèle quelques beaux moments, comme dans la *Deuxième partie*, le vigoureux *Chœur des moissonneurs*, le duo lyrique entre Ruth et Booz et le sombre et tumultueux *Chant du crépuscule* (*Maestoso* en ut majeur).

---

17 Le 27 août 1843.

L'une des faiblesse de *Ruth* reste la question des vers d'Alexandre Guillemin, apparaissant bien désuets : « Ruth vous êtes mon épouse/Si Bozz peut vous épouser/ Mais un parent qui vous est proche/La mémoire de Mahaton/N'en doit subir aucun reproche... ».

Selon l'avis en 1897 du musicologue Georges Servières, Franck fit preuve « d'un robuste courage pour mettre en musique ces vers de mirliton et une rare fraîcheur d'idées pour écrire sur ce galimatias un duo délicieux ».

Certes, la musique conjugue simplicité et pittoresque mais ne parvient pas à vraiment échapper à l'emphase déclamatoire. Faisant fi des harmonies parfois plates et des chœurs dénués d'envolée, Liszt trouva des qualités à l'ouvrage, recommandant Franck auprès d'un ami influent :

« M. César-Auguste Franck qui a le tort :

1 – de s'appeler César-Auguste

2 – de faire très sérieusement de la belle musique, aura l'honneur de vous transmettre ces lignes. Meyerbeer vous a confirmé l'opinion que je vous ai exprimé sur son oratorio Ruth, et le sincère suffrage du grand musicien me parait d'un poids décisif...

Ce qui importe maintenant pour ce jeune homme c'est de se faire jour et place (...), car parmi les jeunes gens qui suent sang et eau pour arriver à coucher quelques idées sur un méchant papier à musique, je n'en sache pas en France qui le vaillent[18]. »

Cette requête porta ses fruits : peu de temps après, exactement le 4 janvier 1846, *Ruth* fut rejoué au Conservatoire dans de bien meilleures conditions musicales, bénéficiant d'une meilleure distribution et d'un orchestre. Blanchard rendit un hommage en demi-teinte : « Cette fois, et pour la première fois de sa vie, notre jeune théocrite musical maniait le gigantesque et terrible instrument appelé orchestre, et ce n'est pas chose facile. Il est vrai que la pureté des mœurs primitives qu'il avait à peindre simplifiait sa tâche ». Il souligna cependant que le musicien témoignait « d'une sobriété d'instrumentation bien rare chez un jeune compositeur », en lui conseillant « de traiter maintenant un sujet plus passionné, s'il veut être artiste dans toute la signification de ce beau nom. Tout, dans cette partition d'amour biblique et mystique semble se passer aux faibles lueurs d'un crépuscule musical... Milton lui-même est ennuyeux quand il chante la béatitude éternelle des anges soumis à Dieu dans le paradis[19]. »

---

18 Lettre de Liszt à Ary Scheffer, 12 novembre 1845.
19 In *La Gazette*, 11 février 1846.

Fort de cet avis, Franck saura affermir en temps voulu sa capacité à mener à bien des partitions d'envergure comme *Rédemption* et *Les Béatitudes*.

Rupture et mariage

Peu à peu, César-Auguste cherchera à se dégager de l'emprise paternelle, bref à prendre son envol et il trouva un rayon de soleil dans une idylle avec l'une de ses élèves de piano, Félicité Jaillot-Desmousseaux. Il s'agissait bien plus qu'une amourette : le jeune homme fréquentait assidûment le foyer de cette dernière, y trouvant une bonne émulation artistique grâce aux parents de la jeune fille, tous deux acteurs à la Comédie Française. La famille Desmousseaux appartenait à la grande dynastie des Baptiste, des Boutet de Monvel, tous actifs dans le domaine du théâtre.

Dans ce milieu raffiné, heureux de recevoir un salutaire soutien moral et de la considération pour son art, le jeune homme fit la connaissance de la cousine de Félicité, Claire Féréol, une chanteuse pour qui il écrivit quelques mélodies et qui resta pour lui une amie attentive jusqu'à la fin de sa vie. Il devint rapidement un intime du foyer des Desmousseaux, accueilli avec sympathie, jugé « fameux maître » et « oracle de ses dames » !

Les fiançailles de Félicité et de César-Auguste furent longues : le jeune homme devait avoir atteint l'âge de vingt-cinq ans pour se marier sans le consentement de ses parents. Il était loin de l'obtenir, Nicolas-Joseph Franck ne voyant pas d'un bon œil cette idylle avec, selon ses dires, une « fille de saltimbanques » !

Pour pouvoir se marier, son fils aura recours à ce que prévoyait la législation : envoyer les « sommations respectueuses » à ses parents.

Les choses se gâtèrent vraiment avec l'épisode relatif à la mélodie *L'Ange et l'Enfant*, que César-Auguste venait d'écrire pour sa fiancée, une page attachante certes, mais dont les qualités musicales n'ont rien d'exceptionnel, au vu de l'immobilité de la ligne vocale, accentuée encore par un accompagnement uniforme en doubles croches.

On relate que lorsque Franck-père détruisit la partition, son fils partit en claquant la porte – pour la première et la dernière fois ! –, retrouvant cette liberté qui lui avait jusque-là tant fait défaut...

C'est aussi le moment où il décida qu'il se ferait appeler simplement « César » et non plus « César-Auguste ».

Il confia vite la nouvelle de sa rupture paternelle à l'ami Liszt : « Je vous annonce une grande nouvelle : depuis le mercredi 26 août je suis mon maître.

Il m'a bien coûté de prendre la résolution que j'ai prise car je crois avoir ce que je désirais, j'ai été forcé de me séparer de ma famille ; dans ce moment l'orage gronde encore mais dans peu de temps les choses renteront dans l'ordre et je serai dans la position où un jeune homme doit être, c'est-à-dire que je serai entièrement le maître de mes actions tout en voyant ma famille. Depuis les huit jours que je puis mettre un pied devant l'autre sans le demander à mon père il s'est passé des choses bien singulières, bien terribles, mais enfin mon père cède, c'est la première fois de sa vie que cela lui arrive[20]... »

Une page se tourne, une autre va s'écrire, mais César Franck saura-t-il échapper durablement à la servitude ?

Installé dans un petit appartement non loin de l'emplacement de la future église de la Trinité (érigée entre 1861 et 1867), exactement au 45 rue Blanche[21], il sait qu'il devra vivre chichement et multiplier les leçons de piano. Il considère comme un devoir de s'affranchir totalement de son père en lui restituant, peu à peu, les 11 000 francs qu'il considère lui devoir pour son éducation. Comme une salutaire échappatoire, la création va reprendre ses droits dans la vie d'un jeune artiste savourant l'ivresse d'être libéré de toute servitude.

Nous le savons, il avait souvent consulté Liszt, recherchant son approbation et le considérant comme une sorte de mentor : il le retrouve même (est-ce fortuit ?) dans l'inspiration d'une nouvelle œuvre. En 1846, il composa un poème symphonique *Ce qu'on entend sur la montagne*, quatre ans avant la version lisztienne (bien que le maître hongrois semblât avoir le désir de l'écrire bien avant). Au-delà d'une influence musicale ou d'un attrait philosophique partagé pour le sujet, on peut être tenté de n'y voir qu'un simple concours de circonstances.

Les deux musiciens choisirent un même poème de Victor Hugo, où la rêverie panthéiste de l'écrivain reflète la solitude de l'homme face à la nature (élément également favori des grands écrivains et poètes allemands comme Schiller, Goethe, Hölderlin, ou français comme Chateaubriand et Lamartine). Il parait intéressant de noter que le poème symphonique franckien préfigure la voie spirituelle qui se dessine pour lui depuis *Ruth*. Car à l'horizon, on sent poindre l'œuvre qui l'accaparera pendant de longues années : *Les Béatitudes*.

L'orchestration de *Ce qu'on entend sur la montagne* ne manque pas de qualités : on y pressent l'*Ouverture* de *L'Or du Rhin* (1854) de Richard Wagner, et même quelque adagio des symphonies de Bruckner (pourtant bien postérieures), en particulier par l'utilisation des cordes.

20 Lettre du 4 septembre 1846.
21 Il y restera jusqu'en 1863.

Liszt, dans son poème symphonique, ajouta pour l'édition de la partition un poème écrit de sa main, dans lequel Franck se serait sûrement retrouvé : « Le poète entend deux voix. L'une, immense, splendide, harmonieuse, élevant vers le Seigneur son joyeux hymne de louanges. L'autre, sourde, douloureuse, gonflée de pleurs, de blasphèmes et de malédictions. L'une parle de la Nature, l'autre de l'Humanité. Les deux voix s'affrontent, s'entrecroisent et se fondent pour s'évanouir dans un climat de sainteté. »

Par cette lutte entre deux mondes antagonistes, entre obscurité et lumière (dans une métaphore du bien et du mal), les deux compositeurs semblent portés par un même élan, mais, dans le cas de Liszt, avec un souffle nettement plus passionné et fiévreux. Il est intéressant de noter que dans *Ce qu'on entend sur la montagne*, Franck mettra en place le fondement de sa doctrine philosophique, par ce principe dualiste du bien et du mal.

César Franck était arrivé au moment de sa vie où se dessinait un nouvel horizon, du haut d'une tribune d'orgue, en 1845 : le voilà nommé organiste-accompagnateur à Notre-Dame-de-Lorette, point de départ d'un long et productif cheminement avec ce que Liszt appelait « le pape des instruments ».

Tout allait donc pour le mieux car on parlait mariage dans l'entourage des deux fiancés (conformément à la norme bourgeoise de l'époque). Au même moment, les évènements de 1848 précipitèrent Paris dans la tourmente avec, en février, le soulèvement de la population sous l'impulsion des libéraux et des républicains. Les germes de cette révolution (le troisième depuis celles de 1789 et 1830) remonteraient à l'interdiction, décidée par le gouvernement Guizot, que soit organisé le grand banquet des républicains marquant la clôture de la campagne menée par l'opposition en faveur de la réforme. Avec force, la population française se souleva les derniers jours de février pour abattre la monarchie. Au cœur d'une Europe mise en pleine effervescence par le printemps des peuples, la France affirma sa nette préférence pour la République. Le règne de Louis-Philippe, comme celui dix ans plus tôt de Charles X, s'écroulera sans véritable résistance : il abdiquera en faveur de son petit-fils Philippe d'Orléans. La Deuxième République, bien en marche, est proclamée le 24 février avec beaucoup d'effusions lyriques et de rêves de fraternité, prophétisés par Lamartine : « Nous allons ensemble écrire la plus sublime des poésies. »

Georges Sand sera autant inspirée dans les *Lettres au Peuple* : « Bon et grand peuple, aujourd'hui que la fatigue de la noble victoire commence à se dissiper, résume un peu son histoire depuis huit jours ; essuie ton sang, ta sueur et tes larmes, agenouille-toi devant Dieu et, à cette heure sainte et solennelle où tu vas reprendre la chaîne sacrée du travail médites un instant sur tes destinées.

Descends dans ta conscience, interroge ton cœur, qui, ne fait qu'un avec tes pensées : recueille-toi, bénis la Providence, et, avec l'aide divine, connais-toi toi-même. »

Et elle concluait ainsi : « Une nouvelle vie commence… »

Mais en juin de nouvelles émeutes dramatiques feront un nombre considérable de victimes…

Pour l'heure, le 22 février, à Notre-Dame-de-Lorette, César et Félicité se jurèrent amour et fidélité en pleine insurrection ! Le cortège dut même se frayer un chemin tant bien que mal et passa une des barricades que les républicains construisaient en clamant : « À bas Guizot ! ».

En souvenir de ces événements marquants, le surnom du premier enfant du jeune couple s'imposera presque comme une évidence : « Barricade !… »

2

La traversée du désert

Une vie laborieuse

La vie du ménage se mit en place, modestement, l'argent arrivant presque à manquer en ces temps socialement si troubles, ce qui rendait plus que difficiles les fins de mois. Une joie, cependant : la naissance d'un premier enfant, le 27 novembre 1848, baptisé Georges-César. Le ménage eut par la suite trois autres enfants, dont malheureusement un seul survécut : Germain, né en 1853. Mais il fallait coûte que coûte faire bouillir la marmite : César multipliait les leçons privées, les répétitions dans des pensionnats et accepta dès 1845 de devenir pianiste-accompagnateur à l'Institut musical d'Orléans. Il avait trouvé ce poste grâce à l'administrateur de l'Institut, Augustin Féréol, par ailleurs cousin de Madame Desmousseaux. Cette tâche l'amenait à jouer au moins cinq fois par saisons et il l'assumera avec rigueur et docilité pendant dix-huit ans, jusqu'en 1863. Mais elle ne fut guère florissante pour lui : il s'agissait d'un gagne-pain aux appointements modestes, augmentant frileusement au fil des années (ainsi il toucha 100 francs de cachets en 1856, 120 francs en 1859). Il resta dans l'ombre de ce travail sans envergure et il y interpréta très peu sa musique. Cependant, lors du premier concert orléanais le 10 janvier 1845, il se produisit aux côtés de son frère pour interpréter, entre autres, son tout nouveau *Duo pour piano et violon concertant sur des motifs de Gulistan*.

Malgré ces quelques honneurs assortis des encouragements de Félicité et ses parents, la carrière de compositeur à laquelle s'accrochait César battait de l'aile. Une porte de salut sembla poindre du côté de l'opéra, passage obligé pour se faire connaître. Charles Gounod le constatera lors de la création en 1851 de son opéra *Sapho* : « Pour un compositeur, il n'y a guère qu'une route à suivre pour se faire un nom, c'est le théâtre[22]. »

Ce sera chose faite pour César Franck !

Du Valet de ferme au Maître de chapelle

Entre 1851 et 1853, Franck s'attela à un opéra : *Le Valet de ferme*. Dans son entourage on présuma trop vite sur sa réelle capacité à devenir un compositeur d'opéra. Certes l'ardeur y était, mais amoindrie par une trop grande méconnaissance de la dramaturgie et d'un style musical approprié à la scène, le tout conjugué avec un indéniable manque de discernement quant au choix d'un bon librettiste. En clair, *Le Valet de ferme* fut un échec : en grande partie à cause de son argument invraisemblable et de son livret trop faible. Pour clore le tout, l'opéra ne sera même pas représenté !

Chez les Franck-Desmousseaux, l'amertume se lisait sur tous les visages et pour ne rien arranger, un surmenage et un état dépressif eurent raison de la résistance nerveuse de notre compositeur. Préjudiciable à son équilibre, cette crise jeta sur lui, en 1853, un voile épais de découragement qu'il parvint péniblement à lever.

Sans doute eût-il l'occasion de faire le bilan de sa vie matérielle et artistique et de réfléchir sur les difficultés à s'assurer un quotidien meilleur. Les raisons de son isolement : l'absence du fameux Prix de Rome, la quasi-impossibilité d'obtenir un poste officiel valorisant, un certain relâchement dans sa sphère créatrice...

Heureusement Liszt, avec sa clairvoyance habituelle, manifesta sa bienveillance dans une lettre à son ami : « Il y a, ce me semble, moyen d'atteindre quelques résultats favorables par la persévérance et une convection maintenue de la dignité de notre art. Cette conviction vous la possédez et la maintiendrez, j'en ai l'assurance, par vos œuvres.[23] » Voilà Franck un peu rassuré, revigoré, et comme il en sera toujours de même dans sa vie il chercha un nouvel élan pour poursuivre sa vie créatrice. L'expérience malheureuse du monde de l'opéra le conduira vers un

---

22 In *Mémoires d'un artiste*, Calmann-Lévy, 1896.
23 Lettre du 25 octobre 1853.

autre univers, certes avec d'autres exigences, mais plus secret : celui de la musique religieuse et de l'institution religieuse en général, avec ses canevas, ses hiérarchies et même parfois ses opportunismes.

L'orgue devient son nouveau vecteur d'existence et le poste d'organiste de Saint-Jean-Saint-Louis, proposé en 1851, lui parait être comme une véritable bouffée d'oxygène. L'instrument construit par Aristide Cavaillé-Coll avec ses qualités déjà presque symphoniques séduisent le jeune organiste tout émerveillé : « Mon nouvel orgue ? C'est un orchestre ! ».

Malgré ce succès, Franck tâtonna pour affirmer sa véritable identité artistique. Il n'en fut rien, à l'inverse, pour son frère. Après l'obtention de ses premiers prix de contrepoint et fugue et d'orgue en 1852, Joseph Franck « de Liège » (comme il aimait à se faire appeler) quitta le Conservatoire de Paris afin de débuter une carrière plus qu'honorable de compositeur de musique religieuse et d'œuvres destinées aux salons et à l'orchestre. On peut dire même qu'il devint, contrairement à son frère, l'archétype du compositeur du Second Empire. De plus sa notoriété éclipsa même, temporairement du moins, celle de son aîné. Il occupa divers postes d'organiste dans des paroisses parisiennes et publia des partitions qui connurent un certain succès, comme *Feuilles de l'Organiste*. Plus instable que son frère, il tombera, dès la fin du Second Empire, dans l'oubli. César et Joseph, complices un temps dans plusieurs concerts comme nous l'avons vu, mais très opposés de caractère et de modes de vie, gardèrent des liens jusqu'au décès de leur père en 1871. Par la suite, leurs routes se séparèrent et leurs familles respectives n'eurent plus de contacts. Joseph Franck mourut peu après son frère, en 1891.

En 1853, s'ouvrit *L'École de musique classique et religieuse*, fondée par Louis Niedermeyer avec l'appui de Napoléon III, d'une part pour former les organistes et maîtres de chapelles, d'autre part pour réagir contre l'invasion d'un ton résolument mondain dans l'art sacré, coïncidant avec une déchristianisation assez visible dans la société. Depuis peu, l'orgue ayant su reconquérir une place plus digne dans les offices sacrés, une lente mutation de la musique religieuse sembla s'amorcer. Celle-ci voulait relever le déclin qu'elle subissait de plein fouet depuis de longues années, particulièrement dès le début du Second Empire.

Franck saura indéniablement trouver sa place pour participer à ce défi.

En 1854, il fut convié à l'inauguration de l'orgue Ducroquet de l'église Saint-Eustache, aux côtés d'Edouard Batiste et du belge Jacques-Nicolas Lemmens, ce dernier appelé à jouer un rôle déterminant dans le nouvel essor de l'école d'orgue française. Pour cette occasion, il composa la *Fantaisie en la mineur*, exhumée plus tard des manuscrits donnés en 1947 à la Bibliothèque du Conservatoire par la petite fille de Franck et éditée en 1990 par Joël-Marie Fauquet. La pièce, intéressante et mal connue des organistes, prend la forme d'un allegro à deux thèmes dans lequel s'épanouit une belle texture polyphonique.

À partir de ce moment-là, on entrevoit bien la nouvelle vocation du compositeur, loin du « miroir aux alouettes » propre à ce milieu de l'art lyrique qui l'avait tant déçu. Il publia, dans le sillage de Niedermeyer, un *Accompagnement d'orgue du Chant Grégorien*.

La célèbre *Messe en la à trois voix*, écrite en 1860 pour solistes, chœurs et orchestre fut exécutée dans cette formation en 1861, rejouée ainsi par la suite, remaniée plusieurs fois et réécrite vers 1880 pour un effectif instrumental plus réduit (orgue, harpe, violoncelle et contrebasse). L'on sait que Franck y rajoutera, en 1872, le très (trop !) célèbre *Panis Angelicus*, faisant toujours la joie du public dans ses innombrables exécutions pour voix et orgue. Dans l'ensemble de la *Messe*, on sent planer le souffle mondain de l'époque avec des fautes de goût et surtout la sensation d'une inspiration inégale.

Selon Charles Bordes[24] : « Le *Kyrie* seul est une exquise prière et l'*Agnus* une perle d'ingénuité musicale ; comment qualifierons-nous ce *Quoniam tu solus sanctus* tonitruant et moins digne d'un soliste que d'un chantre quelque peu en goguette… ». Vincent d'Indy verra dans l'*Agnus Dei* « un petit chef-d'œuvre de concision expressive et de tendresse mélodique[25]. »

Le *Gloria* a de quoi décevoir, car « presque banal, veuf de pensée mélodique et étouffé sous la prépondérance dynamique et hurlante des instruments. Remplie d'inégalités, la *Messe* est, comme toute la musique de Franck, un singulier rêve mystico-profane dont l'extase, parfois complète et magnifique, se trouve parfois interrompue par des rythmes et des recherches d'essence absolument théâtrale[26] ».

Ce jugement sévère parait tout à fait révélateur de la manière dont certains aspects de la musique de Franck étaient perçus à son époque et continueront à l'être bien au-delà.

Dans *Les Sept paroles du Christ* (1859), sorte d'oratorio pour soli, chœurs et orchestre, l'on saura avec raison discerner quelque anticipation sur les beautés des futures *Béatitudes*. Cependant, malgré quelques moments témoignant d'une inspiration indéniable, celle-ci n'est pas toujours soutenue : on y décèle des faiblesses stylistiques et un manque d'unité organique. Ainsi certains passages théâtraux rappellent le style de Meyerbeer par l'écriture des chœurs (6ème partie « Sitio ») et par le chant presque bel canto de maints autres passages. Heureusement, le

---

24 In *Le Courrier musical*, 1er novembre 1904.
25 In *César Franck*, Librairie Félix Alcan, 1924.
26 Riciotto Canudo, in *Nuova Antologia*, avril 1905.

lyrisme de la longue phrase de la soprano – précédée d'un fort beau prélude orchestral (*Prologue* « O vos omnes ») –, l'intériorité de la déclamation (2ème partie « Pater, dimitte illis » avec unissons des cordes) et la belle incantation de la basse personnifiant le Christ (4ème partie « Mulier, ecce filius tuus »), restent des réussites indéniables.

Dans toute la musique sacrée de Franck de cette période-là, les maladresses d'écriture et quelques fautes de goût ont été commentées quelques années plus tard par plusieurs disciples de Franck, dont Charles Bordes et Henry Expert, très actifs dans le développement de la musique religieuse. Pareillement, l'éminent musicologue Alfred Einstein a su démontrer les quelques « faiblesses » stylistiques dans plusieurs des œuvres précitées : « Jusque dans la musique d'église de Franck, et surtout par elle, on rencontre des tournures alanguies et passablement profanes incompatibles avec le caractère de la véritable musique sacrée : le respect rigoureux de la divinité[27]. »

Bref, Franck continue de se chercher : sa véritable force créatrice, singulièrement manifestée dans le *Premier trio*, pressentie dans les *Six Cantates* et dans d'autres œuvres de jeunesse, n'est pas encore prête à s'affirmer de nouveau avec une même intensité.

Nomination à l'orgue de Sainte-Clotilde

L'année 1857 permit à notre musicien de franchir un nouveau cap : il délaissa son poste à Saint-Jean-Saint-François pour la fonction plus honorifique de maître de chapelle de la toute nouvelle Basilique Sainte-Clotilde. Deux ans après il en devint l'heureux organiste titulaire.

L'orgue de 46 jeux, construit par Aristide Cavaillé-Coll, fut achevé en temps voulu et César Franck prit possession des trois claviers de cet instrument devenant pour toujours l'ami intime, le consolateur et une source perpétuelle d'inspiration. Norbert Dufourcq verra en cet orgue « le chef d'œuvre du facteur par la beauté des jeux de fond, le mystère du clavier du récit, la poésie de la clarinette du positif, la limpidité d'une trompette jamais ailleurs reproduite, la clarté du tutti, sa légèreté et son caractère mordant[28] ».

L'inauguration de l'orgue, le 19 décembre 1859 fut un succès : aux côtés de Franck joua Louis James Alfred Lefébure-Wély (1817–1869), représentant

---

27 Alfred Einstein, *La musique romantique*, Éditions Gallimard, 1959.
28 In *César Franck*, La Colombe, 1949.

éminent de l'orgue du Second Empire, virtuose et compositeur de pièces brillantes et mondaines. Cette inauguration permit au titulaire de se faire « une place parmi les organistes de premier ordre », selon *La Gazette*.

La vie musicale de l'époque apparaissait intense, pleine de passions, riche en rebondissements. D'une part, si les représentations parisiennes du *Tannhäuser* de Wagner (1861) furent un échec, d'autre part, porté par un nouvel essor, l'opéra français réussit à franchir les feux de la rampe : Gounod fut célébré pour son *Faust* en 1859, tandis qu'en 1863 alternèrent les débuts théâtraux de Bizet avec *Les Pêcheurs de perles* et les adieux de Berlioz avec *Les Troyens à Carthage*.

L'opérette connut également son heure de gloire, tout comme les cafés-concerts. Jacques Offenbach (1819-1880), que Franck connaissait et estimait, prit jusqu'en 1866 la direction des Bouffes-Parisiens, où triompha *La Belle Hélène* (1864). Quant à l'orchestre, il montra sa suprématie avec la création en 1861 des Concerts populaires de Jules Pasdeloup, se déroulant dans la rotonde du Cirque d'hiver.

Pour Franck, la période fut également active, prémisse d'un salutaire réveil : il venait de fêter ses quarante ans par plusieurs partitions non négligeables : les *Six Pièces* pour grand-orgue. L'instrument-roi allait connaître, grâce à ce corpus, un nouvel élan en s'éloignant salutairement des œuvres mondaines d'un Lefébure-Wély ou d'un Alexandre Fessy. Ainsi naquit l'orgue symphonique, imaginé avec génie par le facteur Aristide Cavaillé-Coll et magnifié par Franck et ses successeurs.

Les *Six Pièces* ne furent pas composées toutes en même temps, mais réfléchies et mûries sur plusieurs années (de la *Prière* en 1860 au *Final* en 1864) et éditées seulement en 1868, bien après leur création à Sainte-Clotilde, en novembre 1864 par le compositeur lui-même.

Malgré l'indépendance de chaque pièce, il semble indéniable que Franck ait pensé à réaliser un cycle pour permettre à cette musique de s'inscrire dans une perspective véritablement novatrice.

Quatre des *Six Pièces* méritent quelque peu notre attention. D'abord la *Grande Pièce symphonique* – œuvre riche, fascinante et novatrice, trop souvent sous-estimée à cause de sa longueur et de sa complexité architecturale –, véritable première symphonie pour orgue ouvrant largement la voie aux futures *Symphonies* de Vierne et Widor ; elle adopte le schéma de la forme sonate beethovénienne et se souvient des *Six Sonates* pour orgue de Mendelssohn (1844-1845) et de la grande *Fantaisie et fugue sur le choral Ad nos, ad salutarem undam* de Liszt (1850).

Franck utilise magistralement la forme cyclique : le premier thème en mineur de l'*Allegro* initial circule dans la toute la pièce et sert de thème au dernier mouvement, mais cette fois donné en majeur. Soulignons le singulier début de l'*Allegro non troppo e maestoso*, introduit par un motif pathétique sur trois notes et rappelant, étrangement, un élément célèbre du *Quatuor n° 16* de Beethoven : « Muss es sein ? ».

Les ombres de Schumann et Liszt apparaissent en filagramme dans l'écriture calme et interrogative de l'*Andante* central en si bémol majeur, avec sa belle mélodie inspirée et chantée au registre de clarinette. Mais la virtuosité, par un style brillant et le plus souvent pianistique semble vouloir l'emporter, conduisant avec fougue à la dernière partie, magnifiée par une éclatante *coda*.

La *Pastorale* en mi majeur repose sur une construction en trois parties, la troisième étant la libre reprise de la première. L'*Andantino* ouvrant la pièce oppose deux thèmes contrastés : le premier déroule une mélopée inspirée et d'allure champêtre sur le jeu de hautbois ; le second s'apparente à un choral de quatre mesures. Suit le *Quasi Allegretto*, débutant par des accords staccatos et se développant ensuite dans une petite fugue à quatre voix. Enfin, le retour de l'*Andantino initial* permet à Franck de superposer habilement le motif pastoral à celui du choral, avant de conclure dans la quiétude.

La réussite de *Prélude, fugue et variation* explique sa célébrité et l'attachement dont lui témoignent depuis toujours les organistes (et parfois les pianistes, car l'œuvre fut transcrite pour piano par Harold Bauer et existe dans une version de Franck pour piano et harmonium). On admire l'équilibre de l'architecture de ce triptyque, révélant une construction symétrique également présente dans la *Pastorale*. Le bel andantino du *Prélude* en si mineur, au rythme berceur et chanté par le jeu de hautbois à la main droite, est repris dans la variation avec un accompagnement où la main gauche dessine des arabesques volubiles. La *fugue*, introduite par un saisissant et poignant *Lento* de 9 mesures, offre une riche et dense polyphonie.

Pourquoi la *Prière* n'apparaît-elle pas pleinement sereine ? La raison est simple : elle exprime sinon un doute, du moins une préoccupation presque métaphysique ou existentielle par ses questionnements, ses appels angoissés, le tout dans un langage fait de modulations chromatiques. Nous relevons de nombreux thèmes fragmentés, avec des réponses de motifs entre la basse et le soprano, des répétitions obstinées et des superpositions de rythmes binaires et ternaires. Le message de la *Prière* pourrait être celui du déroulement d'une traversée humaine, avec ses méandres, son monde de conflits et d'incertitudes.

Dans une harmonisation à cinq voix, le premier thème déroule sa longue phrase mélodique à la manière d'un motif de choral : ce procédé se retrouvera bien plus tard dans *Prélude, choral et fugue* pour piano. La dernière partie de l'œuvre apparait comme une péroraison, calme, apaisée en sachant traduire au mieux le sentiment d'une profonde réconciliation entre la nature humaine et son créateur. Puis le thème initial, éclatant en mode majeur, donne tout son sens à cette dialectique devenue si chère à César Franck : celle du mineur et du majeur comme un passage entre la terre et le ciel.

En 1865, Franck s'engagea vers la voie biblique, avec trois œuvres demeurées longtemps inédites. Heureusement la *Plainte des Israélites*, le *Cantique de Moÿse* et *La Tour de Babel* sont conservés à la Bibliothèque Nationale de France, sous forme de manuscrits et ont été pour la première fois données en concert à l'église Saint-Jacques de Liège le 27 mars 2009, enrichissant et éclairant notre connaissance de l'œuvre franckienne.

« L'orgue du Trocadéro à l'époque de Franck.» (Coll. Part.)

Franck et Liszt

Les liens de Franck et de Liszt, bien qu'épisodiques, perdurèrent assez longtemps et le maitre hongrois renouvela une nouvelle preuve d'estime dans une lettre datée de décembre 1856 : « Cher Monsieur Franck, vous connaissez la sincère et grande estime que je fais de votre si remarquable talent, et ne sauriez par conséquent douter du plaisir que j'aurai à l'exprimer en toute circonstance opportune. . . »

Rappelons dans un même registre, cette anecdote poignante si souvent citée, où Liszt vint écouter Franck jouer et improviser à son orgue en 1868, en présence d'Arthur Coquard et Henri Duparc : « Quelle heure émouvante nous avons vécue là ! Lui, le grand pianiste, nous le vîmes joindre sur ses genoux ses deux mains osseuses, et de ses yeux fermés, deux larmes coulèrent sur ses joues. La fin de la variation trouva M. César Franck dans les bras de l'abbé Liszt qui l'embrassait avec transport en s'écriant qu'il était l'égal de leur maître à tous, le grand Sébastien Bach ! Même dans l'élan de cet enthousiasme, il nous attira dans ses bras Henri et moi[29]. »

Hélas, cette scène si touchante relèverait pour Joël-Marie Fauquet[30] de la légende : elle aurait été imaginée par Pierre Soccanne en 1932 – sinon dans les faits, du moins dans le récit de « l'effusion » lisztienne narrée par Coquard – pour les lecteurs du *Guide du Concert*. Mais il semble bien attesté de la présence de Liszt à Paris pour l'audition de sa *Messe de Gran*, donnée en l'église Saint-Eustache. Une rencontre Franck-Liszt eut bien lieu à Sainte-Clotilde le 3 avril (avec la présence de Coquard, Duparc et Dubois). Puis le 13 avril, accompagné par Liszt et Joseph d'Ortigue (historien de la musique et compositeur), Franck joua ses *Six Pièces*.

Selon un compte-rendu de la *Semaine musicale*, le maître hongrois aurait fait l'éloge de la musique de Franck[31]. Ainsi l'abbé Liszt savait reconnaître les siens...

---

29 Arthur Coquard, *César Franck*, 1890, *Le Monde musical*, 1904.
30 In *César Franck*, Fayard, 1999.
31 La partition des *Six Pièces* occupe une place d'honneur dans la biblmiothèque conservée de Liszt, à Budapest.

3

Rédemption et Béatitudes

Temps de guerre

En été 1869, Franck commença d'écrire *Les Béatitudes* (l'œuvre de sa vie, achevée quelques dix ans plus tard), au moment où Gabriel Fauré (1845–1924) réalisait son recueil de mélodies *La Bonne chanson*. La période devenait de plus en plus que préoccupante, notre pays étant sujet à de nouveaux remous politiques ou diplomatiques et plongeant vers une inévitable guerre. Durant le Second Empire, Napoléon III avait voulu assurer la suprématie de son pays dans le monde. Au moment où s'affirmait la montée en puissance de la Prusse et les provocations de Bismarck, la France lui déclara la guerre en juillet 1870. Cela tourna rapidement au désastre du fait de l'infériorité de notre armée par rapport à celle des Prussiens ; le 6 août, l'Alsace fut prise, puis Napoléon III capitula à Sedan le 4 septembre.

Le Second Empire éteignit ses fastes par cette cruelle défaite...

L'interminable siège de Paris en 1871, la disette, la démission de Gambetta et la constitution de la Commune avec Adolphe Thiers comme chef de gouvernement, bouleversèrent Franck et son proche entourage. Si certains de ses élèves partirent rejoindre le front, d'autres restèrent à Paris – tels d'Indy, Duparc et Coquard –, ce qui lui sera d'un grand secours moral. En outre, la suspension momentanée de ses tâches pédagogiques et de ses services à l'église, lui permirent avec profit de se consacrer davantage à la composition. Mais comme revers de la médaille, cela signifiait également une perte de rentrée d'argent s'ajoutant aux privations imposées par l'état de siège.

Ces temps difficiles permirent à Franck, poussé par Duparc, de témoigner de son patriotisme en écrivant la cantate *Patria*, d'après des vers de Victor Hugo[32]. Cette œuvre, vite oubliée, ne sera ressuscitée qu'en 1922, avant de disparaître à nouveau du répertoire. Notre musicien n'oublia pas pour autant d'honorer la musique religieuse en composant *Trois Offertoires*, dont le beau *Domine non secundum* et le *Dextera Domini*, rempli d'allégresse. Malgré ces mois difficiles de privations, de froid et d'inquiétude, Franck sembla bien se porter comme il le confia à ses deux jeunes élèves Alice et Marthe Sanches, réfugiées dans l'Aude chez leurs parents : « J'ai travaillé assidûment depuis six mois mon piano, mon orgue : j'ai composé aussi, malgré le bruit du canon, et je me flatte que, quand mes élèves viendront me voir – car je veux le croire et l'espérer – elles trouveront que leur professeur a fait quelques progrès. »

Mais une autre épreuve l'attendait : le décès de son père, survenu en tout début d'année 1871. Nicolas-Joseph Franck, parti de Paris depuis quelques années, s'était établi à Aix-la-Chapelle. Si César ne livrait pas facilement ses sentiments, on sait qu'il fut très affecté par cette disparition comme nous le montre cette confidence faite à l'une de ses élèves : « J'ai éprouvé un chagrin profond : j'ai perdu mon père, à Aix-la-Chapelle le 22 du mois dernier, mais la nouvelle de sa mort ne m'est parvenue que le 8 de ce mois. Je suis dans le moment à Aix-la-Chapelle pour au moins visiter sa tombe et la maison qu'il habitait ; mais l'impossibilité où je me suis trouvé de pouvoir assister à ses derniers moments a beaucoup augmenté la peine[33]. »

La fin d'une vie obscure

Poursuivant assidûment l'écriture des *Béatitudes*, Franck livrera deux mélodies dont l'une, restée fameuse : *Le Mariage des roses*. Il s'agit d'une véritable mélodie de salon, charmante et presque naïve mais souffrant d'un texte insipide d'Eugène David. *Le Mariage des roses* trouva sa place dans le répertoire conséquent de l'époque pour voix et piano (romances et mélodies) parmi celles de Saint-Saëns, Lalo, Chabrier, Massenet et de Fauré débutant dans le genre, sans oublier les

---

32 Extraits des *Châtiments*.
33 Extrait d'une lettre adressée à Lucile Le Verrier, le 16 février 1871.

chefs-d'œuvre de Duparc écrits autour des années 1869–1870 (particulièrement *Soupir, Sérénade, Au pays où se fait la guerre* et surtout *L'invitation au voyage*).

Lied, mélodie postérieure d'un ou deux ans, mérite notre attention par sa concision et sa perfection formelle. Le désenchantement du sentiment amoureux, bien présent dans l'univers des poètes de l'époque, apparaît ici bien sensible comme se plaît à le souligner Joël-Marie Fauquet : « *Lied* donne le ton de ces musiques qui, au lendemain de 1870, vont avec complaisance, conjuguer leur nostalgie à l'imparfait[34]. »

Heureusement notre musicien s'évada de cette nostalgie, connaissant enfin quelque succès bienvenu, suite à une exécution de *Ruth* au Cirque des Champs-Elysées. En fait, il s'agissait d'une seconde version de cet oratorio, révisé en 1862 ; en donnant à sa partition un air de jeunesse, avec plus de couleur et de mouvement, Franck espérait ardemment le voir exécuter en Allemagne. Son espoir fut malheureusement déçu. En tout cas il était reconnu en France, semblant s'arracher lentement à ce qui ressemblait, et depuis trop longtemps, à une vie obscure…

Un autre grand événement artistique en 1871 permit, d'une part de dynamiser et d'embellir l'univers musical français alors cruellement éprouvé par la guerre, et d'autre part de projeter Franck un peu plus en avant sur la scène musicale. Saint-Saëns était monté au créneau face à l'affaiblissement de la musique française, et même à son devenir : « Il fallait vraiment en ce temps un entêtement singulier pour écrire de la musique. Le théâtre commençait à entrer dans la voie de défiance où il s'est si bien engagé. Les concerts semblaient voués au classique et à l'exotisme à perpétuité, et on pouvait prévoir dans un avenir prochain la mort inévitable de la musique française. »

La création de la *Société Nationale de Musique* (S.N.M.) apporta un formidable élan à la diffusion de la musique française. Romain Bussine, Saint-Saëns, Alexis de Castillon, D'Indy, Duparc, Dubois, Fauré et Franck furent les chevilles ouvrières de la S.N.M., si porteuse de projets, de créations, d'organisation de concerts, dont le premier le 17 novembre 1871 permit à Franck de faire entendre son *Second Trio* (dit « de salon ») en si bémol , écrit en 1843. Cette société, avec sa fameuse devise *Ars Gallica*, voulait réagir contre la frivolité ambiante du Second Empire et s'inscrire résolument dans une optique nationaliste, en luttant en particulier contre la suprématie wagnérienne ambiante. Les statuts furent rédigés par Alexis de Castillon : « Le but que se propose la société est de favoriser la production et la vulgarisation de toutes les œuvres musicales sérieuses, éditées ou

---

34 In *César Franck*, op. cit.

non, des compositeurs français, d'encourager et de mettre en lumière autant que cela sera en son pouvoir, toutes les tentatives musicales de quelque forme qu'elles soient à la condition qu'elles laissent voir de la part de l'auteur des aspirations élevées et artistiques... ».

La guerre de 1870 ayant mis un frein aux activités des diverses sociétés musicales en vigueur à l'époque, S.N.M. réussit sans trop de mal à étendre son influence sans avoir à craindre quelque concurrence extérieure.

Lors de la création de la Société, « plusieurs noms de jeunes musiciens français arrivaient à une renommée légitime ; le public se passionnait et se formait quand la guerre avec la Prusse vint brutalement couper court aux beaux rêves des amis du grand art[35] ».

Selon Saint-Saëns, la S.N.M. faisait figure de *cénacle*, « dont les membres se rencontraient seulement sur un point, le culte de la musique sérieuse, tout en s'opposant sur bien des autres », et de plus en n'attirant pas toujours la pleine adhésion du milieu musical et de la critique. Ainsi, un article paru dans le *Ménestrel* la qualifia du sobriquet de « Société d'admiration mutuelle » !

Par contre, *L'Univers musical* du 26 mars 1863 salua « l'amour-propre national » en vigueur, en engageant vigoureusement la jeune société à « persister dans l'exclusion de toute production étrangère ». Le ton était ainsi donné !

Sous l'impulsion de la S.N.M. la musique française connut ainsi son « Troisième âge d'or[36] » et les grandes œuvres de Franck furent par la suite très régulièrement jouées ou créées en son sein (en particulier, à trois reprises dès 1873, le fameux *Premier Trio*, *Les Éolides* en 1875, *Le Chasseur maudit* en 1882).

De Rédemption au Conservatoire

En 1872, Franck fêta ses cinquante printemps en pleine effervescence créatrice. À Paris, les artistes, les écrivains et poètes apparaissaient également inspirés : Verlaine, contribuant au *Parnasse contemporain*, écrivit *Les Fêtes Galantes* et *La Bonne Chanson* (que Fauré mettra plus tard en musique), pendant que son ami Rimbaud attirait l'attention avec sa poésie novatrice marquant en particulier *Le Bateau ivre*. De son côté, Zola débuta son impressionnant corpus *Les Rougon-Macquart*. L'on connaît le nombre important de mouvements artistiques s'épanouissant en cette fin de siècle dont *l'Impressionnisme*, art pictural apparu en 1875, rejaillissant

---

35 Camille Benoît, in *Guide musical*, 6 décembre 1883.
36 Selon Norbert Dufourcq.

plus tard sur l'art musical (en particulier sur celui de Debussy). La littérature se situait au carrefour de plusieurs courants qui s'entrecroisaient parfois : le roman *idéaliste* (inspirant, à la suite de Georges Sand, aussi bien Jules Barbey d'Aurevilly que Joris-Karl Huysmans), le courant du *Réalisme* (apparu vers 1850, avec ce besoin de réagir contre le sentimentalisme romantique marquant les romans de Flaubert, Balzac, Maupassant et Zola) et enfin le courant des *Symbolistes*, où la poésie parvint admirablement à traduire des états apparemment insaisissables (Verlaine, Mallarmé).

Penchons-nous sur quelques rapprochements de dates : En 1871, Franck acheva *Rédemption*, lorsque Zola mettait la dernière main à son cycle impressionnant des *Rougon-Macquart*. En 1880, au moment où Flaubert décéda, Franck travaillait à ses *Béatitudes* et à *Rébecca*. En 1883, Maupassant écrivit *Une vie* et Franck réalisa *Le Chasseur maudit* puis *Les Djinns*. Puis en 1885, ce furent les *Variations symphoniques* écrites l'année de la mort d'un géant nommé Victor Hugo.

Pendant que le travail des *Béatitudes* avançait lentement, Franck composa *Rédemption*, œuvre sous-titrée *Poème symphonique*. Malgré un texte quelque peu indigent d'Edouard Blau, *Rédemption* compte parmi les premières grandes œuvres du Franck de la maturité. Certes, son symbolisme musical dérouta et Debussy critiqua « les chœurs trop dramatiques, les développements en grisaille fatigante et obstinée » ; on reprocha une orchestration parfois malhabile ou lourde : violoncelles doublant les contrebasses, duos de clarinettes et cors à découvert, emploi des cuivres trop stéréotypé (comme les appels en fanfare des trompettes dans l'*Interlude*). Des remarques similaires seront formulées plus tard à l'encontre de la *Symphonie en ré*.

La création de *Rédemption*, en avril 1873 à l'Odéon, fut un échec : d'abord à cause du manque d'intérêt et d'investissement du chef Édouard Colonne, ensuite par un manque de répétitions (l'œuvre fut même tronquée !). Maurice Emmanuel rapporta une anecdote : Franck, rentrant chez lui après la représentation de l'Odéon, apparut pâle à son épouse et resta muet : « Elle comprit. Mais le musicien se ressaisit : "J'en suis sûr : l'œuvre est belle !"[37] ».

Franck aurait confié à d'Indy au sujet de sa composition : « Mes ombres sont en mineur et mes clartés en majeur ». Effectivement la dualité parait bien présente entre deux mondes : l'humain et le divin. D'Indy souligna avec justesse « qu'une graduation bien établie de ces teintes musicales qu'on appelle les *tonalités*

---

37 In *César Franck*, op. cit.

pourrait, par opposition et contraste, arriver à rendre les nuances de couleurs si clairement exposées par le poème... ».

Avec l'antithèse entre paganisme et christianisme, le message philosophique devient ici évident par la victoire des forces spirituelles sur celles matérielles : l'humanité est dépeinte dans la *Première partie*, comme plongée dans les ténèbres avant l'arrivée des anges annonçant la venue du Messie. Cette vision du paganisme sera évoquée, d'une manière sensiblement analogue, dans la *Septième symphonie* « Les Danses de la vie » (1922) de Tournemire, par cette vision christique qui caractérise si bien ce musicien : « l'idée chrétienne perce ! Toute la poésie de la Gentilité s'exaspère... Enfin, le paganisme meurt délicieusement... »

Dans la *Deuxième partie* de *Rédemption*, un chœur angélique de lamentations pour invoquer le Christ, permet à l'homme d'entendre enfin la réponse divine avec l'archange indiquant un nouveau chemin par la prière, avant que l'œuvre se conclue par un grand cantique de charité apportant une lumière bienfaitrice.

L'*Interlude*, intitulé *symphonie*, encadrant les deux parties, figure régulièrement au répertoire des orchestres. Il s'apparente à une musique à la fois pure et inspirée, aux lignes chromatiques nettement wagnériennes, faisant songer au *Siegfried Idyll* (1871) du maître allemand et préfigurant le futur poème symphonique *Psyché* de Franck.

Le message un rien moralisateur, suggéré par une grande « fanfare » modulante des trompettes incarne « la foi triomphant de tous les obstacles ». Franck aurait lui-même rédigé l'argument de *Psyché*, mais selon d'autres sources le texte serait de la main de d'Indy : « Les siècles passent, – Allégresse du monde qui se transforme et s'épanouit sous la parole du Christ. – En vain s'ouvre l'ère des persécutions, la Foi triomphe de tous les obstacles. – Mais l'heure moderne a sonné ! La croyance est perdue ; l'homme, en proie de nouveau à l'âpre désir des jouissances et aux agitations stériles, a retrouvé les passions d'un autre âge ! »

Pour César Franck, le cheminement sera encore long avant l'achèvement des *Huit Béatitudes* : « *Ruth, Rédemption, Les Béatitudes*. Trois étapes de la montagne sacrée[38] ».

Pour l'instant notre musicien connaît les honneurs : les portes du Conservatoire s'ouvrirent de nouveau à lui : mais cette fois, c'est en tant que professeur qu'il fera son entrée. Les circonstances de sa nomination pour la succession de François Benoist à la classe d'orgue firent longtemps couler beaucoup d'encre. Franck a probablement bénéficié des interventions de Cavaillé-Coll, de Dubois,

---

38 Charles Tournemire, *César Franck*, Delagrave, 1931.

de Saint-Saëns auprès d'Ambroise Thomas (1811–1896), directeur du Conservatoire et professeur de composition, par ailleurs compositeur reconnu notamment pour la scène (*Mignon*, *Hamlet*). Thomas connaissait Franck depuis longtemps (il avait souscrit à l'édition des *Trios*). Détail amusant : Dubois et Saint-Saëns en arrivèrent à se disputer la paternité de cette réussite !

Bien plus tard, dans une lettre à Adolphe Boschot datée de 1911, Saint-Saëns précisant ses griefs vis-à-vis de Franck, parlera « d'un homme pour qui je m'étais dévoué, que j'avais fait nommer professeur au Conservatoire… ».

Le succès fit rayonner le professeur Franck ainsi que les élèves reçus régulièrement chez lui, dans son salon de musique du boulevard Saint-Michel. Certains de ces jeunes gens étaient même devenus des familiers, à tel point que l'on eût pu comparer cet enseignement privé à une véritable « antichambre » du Conservatoire, bien sûr d'une manière plus informelle, plus libérale. Chez lui, Franck se sentait libre, à l'abri du regard inquisiteur de ses collègues, pouvant prolonger à foison son enseignement du conservatoire.

Ne répétait-il pas : « Au Conservatoire, on ne permet pas cela, mais moi j'aime bien… » ?

Par l'émulation de ces jeunes musiciens naquit très vite un cénacle : « la bande à Franck » dans sa première génération, composée d'Henri Duparc, Arthur Coquard, Jules Cahen, Alexis de Castillon, vite rejoints, dès 1872, par une seconde génération composée de Vincent d'Indy, Ernest Chausson et Augusta Holmès. Selon Gérard Gefen, « la bande à Franck définit moins une école qu'une communauté affectueuse autour d'une certaine idée de la musique[39] ».

Inutile de dire que tous ces jeunes musiciens prônaient, avec force et conviction, leur goût pour une musique « sérieuse », seule capable d'élever l'âme et d'échapper aux excès de frivolité du Second Empire. Gustave Derepas souligna la culture de tous ces musiciens, appartenant à une classe sociale plutôt élevée : « Chose remarquable ! Les musiciens formés à son école possédaient tous une science solide et l'on peut dire profonde ; mais chacun a gardé son tempérament personnel. Le maître était si respectueux de l'inspiration d'autrui[40] ! ».

Mais appartenir à ce cénacle ne pouvait être réservé au premier venu : il fallait presque y entrer comme en religion ! On pourrait presque croire que tous ses membres étaient « triés sur le volet », chacun des protagonistes affirmant une forte

---

39 In *Augusta Holmès, l'outrancière*, Belfond, 1987.
40 In *César Franck, Étude sur sa Vie, son Enseignement, son Œuvre*, Librairie Fischbacher, 1894.

personnalité, une créativité marquée et une quasi-dévotion au maître, devenu très vite et pour tous, le « père Franck ».

Ainsi Duparc, que son professeur aima presque comme son propre fils. Enseignant le piano au collège de l'Immaculée-Conception, rue de Vaugirard dès 1863, et remarquant très vite la singularité créatrice du jeune Henri, Franck le prit pour ainsi dire en main et le forma. Duparc, plus tard, parlera de « ce maître bien-aimé qui fut pour moi le meilleur des amis autant que le meilleur des maîtres ».

Tous ces jeunes musiciens se croisaient dans des salons musicaux (celui de Madame de Rayssac, celui de la famille de Pauline Viardot) ou dans des soirées musicales : chez Saint-Saëns le lundi (où se formait selon d'Indy « la jeune garde du futurisme »), chez Duparc le mardi, parfois chez Franck le mercredi. Dans ces soirées mondaines, on refaisait le monde, on aiguisait son tempérament tout en manifestant son propre talent, que l'on croyait – comme il se doit – toujours plus original et supérieur à celui des autres !

Un enseignement libéral et bienveillant

Le nouveau professeur d'orgue devait assurer six heures de cours hebdomadaires (dont cinq pour l'improvisation), réparties sur trois jours. Les cours se déroulaient dans la classe du « vieux conservatoire » rue Bergère, sur un orgue usé et un rien vétuste (que Vierne nommait « le vieux coucou » !).

Franck y apparaissait « toujours pressé mais toujours à l'heure ; quelques instants avant le moment fixé, on le voyait arriver, sautillant, par le fond du vieux conservatoire[41]... »

Puis il cherchait ses élèves, dont certains arrivaient en retard. Citons une anecdote sur son « intrusion » dans la classe de Massenet, contiguë à la sienne : « Nous voyions s'entrouvrir la porte, la tête de César Franck apparaissait et une voix calme, grave, énorme, disait : « Il n'y a personne pour moi ? ». Ceux qui avaient fini avec Massenet se levaient et passaient dans la pièce voisine[42]. »

À l'époque de Franck, la classe d'orgue du Conservatoire appartenait à la section « Harmonie, Orgue et Composition » : c'est dire l'amplitude dont jouissait notre compositeur pour organiser son enseignement. De fait on lui reprocha, plus ou moins vertement, de ne pas bien enseigner la technique et le répertoire

---

41 Gabriel Pierné, in *Le Ménestrel*, 1922.
42 Gabriel Pierné. Gustave Charpentier fera un récit analogue de la scène (voir texte en annexes).

de son instrument, selon le cadre pédagogique du Conservatoire. Ces critiques apparaissaient assez fondées, les élèves manquant indéniablement de savoir-faire par rapport à une pratique rationnelle de l'instrument et Charles-Marie Widor, successeur de Franck, n'aura de cesse de le reconnaître..

Selon Louis Vierne, Franck avait à cœur de « donner le pas du raisonnement sur l'instinct, du rationalisme sur l'empirisme[43] » : telle fut sa ligne de conduite et il n'en dérogea pas.

Lors de la disparition de Franck en 1890, la presse musicale rendit hommage aux qualités de son enseignement : « Ce qui lui survivra, au moins pour une génération, ce sont ses élèves. Ils sont légion[44]... ».

Ses qualités, de son vivant, furent loin d'être reconnues par tout le monde et certains le déplorèrent, au-delà même de la sphère des disciples : « Son professorat fut un apostolat. Il n'enseignait pas, il évangélisait », soulignera plus tard un article de *L'Art musical*.

Ce jugement corrobore, en grande partie, le côté libéral, anachronique, presque moderne de son enseignement, mais souvent décrié par ses collègues du Conservatoire, ciblant les orientations esthétiques du compositeur : « Franck n'était pas *des leurs*. Ils le lui firent sentir[45]... ».

Le comportement de ce dernier, un peu « décalé » pour l'époque, ne s'exprimait pas seulement de manière morale, il se répercutait sur les fondements musicaux, voire techniques de la pédagogie. Franck, davantage musicien dans l'âme, se révélait à la fois rigoureux sur les principes d'écriture et dénué d'académisme sur un art venant plus du cœur que de la raison.

Son esthétique, ses goûts et ses aspirations pour la musique pure heurtaient de plein fouet le formalisme et l'art plus académique de ses collègues, souvent plus tournés vers l'opéra. Pour tout dire, l'enseignement de Franck concurrençait dangereusement celui de Jules Massenet, pas toujours en osmose avec les idées de Franck et assez réservé quant à sa musique, bien qu'il ait pu écrire à sa femme en 1870 : « J'ai entendu la suite de l'oratorio de Franck, c'est très beau » ; et également, cette courte allusion à Franck dans *Mes Souvenirs* : « La maison d'édition Hartmann était le rendez-vous de toute notre jeunesse, y compris César Franck, dont les œuvres sublimes n'étaient pas encore répandues.[46] »

---

43 In *Mes Souvenirs,* Cahiers et mémoires du Bulletin des Amis de L'Orgue, 1970.
44 Julien Tiersot, in *Le ménestrel*, 16 novembre 1890.
45 Vincent d'Indy, *César Franck*, op. cit.
46 Nouvelle édition commentée par Gérard Condé, Paris, Éditions Plume, 1992.

Mais revenons au Conservatoire : le compositeur de *Manon* (1884) jalousait secrètement son aîné et craignait de perdre une partie de ses élèves. Sa crainte était justifiée car Franck, dans sa classe d'orgue, devenait quelque peu professeur de composition (ce qu'il fit du reste toute sa vie), mais sans le montrer ouvertement. Selon Vincent d'Indy, la classe d'orgue fut vite considérée par les élèves – et au grand dam des professeurs d'écriture – comme un « centre véritable d'études de composition ».

Voilà bien de quoi alimenter querelles, malentendus et suspicions !...

Ambroise Thomas (surnommé par les élèves « sombre accueil ») afficha de la méfiance à l'égard des pratiques pédagogiques de Franck, avec toutefois moins d'hostilité qu'on ne l'a souvent dit : il savait apprécier sa valeur, sans la reconnaître ouvertement. Un simple mot de Léo Delibes, écrit à l'intention des parents du jeune élève Maurice Emmanuel et sonnant comme un avertissement, résume bien la délicate situation de Franck au sein du Conservatoire : « Monsieur Franck, pour qui je professe une haute estime, a de dangereuses tendances ; il veut amener tout le monde à partager ses goûts. Il entre en contradiction avec ceux de ses collègues qui sont chargés de conduire les élèves à Rome... Il faut que votre fils choisisse entre ces enseignants si opposés... »

Seul contre tous, dira-t-on, mais pas totalement : le seul domaine où la compétence de Franck ne se voyait officiellement pas remise en cause concernait l'écriture contrapunctique, au reste assez négligée dans le cursus des études du Conservatoire. Ainsi lui laissait-on toute latitude pour enseigner la fugue, discipline qu'il maîtrisait depuis ses propres études avec Daussoigne-Méhul et Reicha. Du contrepoint et de la fugue à la composition, il n'y avait qu'un pas à franchir, ce que Franck fit de la manière la plus naturelle possible !

S'il recherchait la liberté de ton avec comme *credo* l'épanouissement des personnalités, il savait mettre en garde ses élèves de ne pas tomber dans le piège de l'imitation : « Il ne substituait jamais sa propre manière de penser à celle de ses élèves. Après leur avoir ouvert la voie, il les laissait entièrement libre.[47] »

D'une manière analogue, Duparc confiera plus tard à jeune disciple Jean Cras : « Ceux qui imitent n'imitent jamais que des *procédés*[48]. »

On a souvent, et fort à propos, souligné l'influence des élèves sur le maître : « Le Père Franck ? Il a été formé par ses élèves » confiera Charles Bordes, dans ce qui apparaît être, au-delà d'une simple boutade, bien révélateur d'une pédagogie exceptionnelle. De plus, le maître consultait souvent ses disciples pour recevoir

---

47 Selon Augusta Holmès.
48 In *Lettres à Jean Cras, « le fils de mon âme »*, éditions Symétrie, 2009.

leur approbation, leurs conseils sur l'élaboration d'une œuvre. Par l'émulation, il trouvait matière pour évoluer, pour rebondir, comme si ce terreau de forces nouvelles pouvait le stimuler et calmer l'angoisse de ne pas être suffisamment à la hauteur des exigences qu'il s'imposait à lui-même, alors qu'il savait si bien les requérir chez les autres.

L'exigence ne pouvait pas non plus faire oublier la chaleur, la simplicité et la confiance, apparaissant dans ses échanges avec ses élèves. Le retour des vacances est le moment privilégié des confidences, cette anecdote concernant un échange entre Franck et Chabrier nous le montre bien :

″– Eh bien maître, qu'avez-vous fait ? Qu'avez-vous vous à nous faire entendre ?
– Vous verrez, répondait-il en prenant un air mystérieux, vous verrez ; je crois que vous serez contents... J'ai beaucoup travaillé et bien travaillé ″.

Et Chabrier de poursuivre : ″Il vous disait cela si simplement, avec une voix si naïvement sincère, de sa large voix expressive et grave, en vous prenant les mains, les gardant longtemps, presque sérieux, songeant à la fois aux chères joies qu'il avait éprouvées, lui, en composant, et au plaisir qu'il lui semblait bien que vous prendriez aussi à écouter l'œuvre nouvelle[49]... ″.

En 1898 Henry Gauthier-Villars (dit Willy), sous le pseudonyme de « l'ouvreuse du cirque d'été », publia un article intitulé *Accords perdus*[50], accompagné d'une caricature amusante de José Engel, peintre et illustrateur assez célèbre à l'époque. Voici la scène décrite par Willy : « Sous l'œil réprobateur du Directeur du Conservatoire en buste, Ambroise Thomas, que Chabrier ne manque pas une occasion de brocarder, César Franck fait sa classe. Nous y voyons, de gauche à droite, E. Chausson à genoux, Ch. Bordes, A. Bruneau, E. Chabrier, V. d'Indy, A. Messager, Pierre de Bréville ».

Cette scène est bien entendu illusoire, car elle mêle des élèves de Franck avec quelques professeurs du Conservatoire. On pourrait presque imaginer, si on ne connaissait pas la légende exacte du dessin donnée par Willy, voir Debussy en bambin (mais avec un visage de jeune homme moustachu !), habillé d'une vareuse et arborant un diapason en guise de hochet !

À propos de, Claude Debussy (1862–1918), ce dernier fit dans la classe de Franck une apparition de météore pour, selon Jean Barraqué, « quérir quelques

---

49 Fernand Baldensperger, *Franck, l'artiste et son œuvre*, Courrier musical, 15 mai 1901.
50 Pour l'éditeur *Simonis Empis*.

lumières sur l'écriture de la musique pure. La technique de l'improvisation libre telle que l'entendait Franck, soucieux de consolider les canons de la tradition, ne semblait pas convenir à Achille-Claude. Avec son goût de la riposte et de la contradiction, il refusa de s'adonner au plaisir renouvelé de la modulation. Il en résulta un dialogue de sourd : "Mais il faut moduler. Modulez, modulez donc !". *"Mais pourquoi modulerais-je,* s'obstine Debussy, *puisque je me trouve très bien dans cette tonalité ?".* Évidemment, avec un tel élève, le pauvre César Franck devait trouver bien difficile la pédagogie ! Plus tard, Debussy se plaira à dire ironiquement : *"César Franck est une machine à modulation."*[51] »

Ce jugement, bien entendu, ne doit pas être tout à fait pris *ad pedem litterae* (au pied de la lettre) !

Revenons à des choses plus sérieuses : Franck, dans sa pédagogie, aimait rappeler inlassablement : « Il faut laisser à l'élève la possibilité de faire de la musique, même dans les devoirs de classe. »

Saint-Saëns, toujours acerbe vis-à-vis de son aîné, manifesta clairement sa désapprobation sur sa pédagogie : « Professeur funeste, il ne faisait à ses élèves que des compliments, il remplaçait l'enseignement par des éloges, pour des admirateurs, des disciples dévoués corps et âme ; ce à quoi il a réussi merveilleusement.[52] »

Si Franck pouvait trancher avec une fermeté vite radoucie, il savait manifester son approbation avec sa bonhommie naturelle et la plus totale franchise. Quand il aimait les travaux d'un élève, un ange passait...

Touché par la grâce, le maître accordait à l'art sa dimension la plus élevée et la plus bénéfique.

Des vents du Zéphir aux Béatitudes

À cette époque-là, César Franck voulant renouer avec le monde de l'orchestre, écrivit *Les Éolides* (1876), un poème symphonique inspiré de Leconte de L'Isle.

Il se rendit à Azille, village de l'Aude, après avoir retrouvé son fils Germain à Valence : ce dernier y résidait, travaillant comme employé à l'inspection de chemins de fer. Azille offrit à notre musicien un cadre paisible pour mener à bien son travail durant l'été 1875. Il accepta avec plaisir l'hospitalité de la famille Sanches, dont Auguste, le père, viticulteur, tenait l'harmonium à l'église ; ses deux filles (Marthe et Alice) étudiaient le piano depuis 1860 avec Franck.

---

51   In *Debussy*, éditions Solfèges/Seuil, 1962.
52   Extrait d'une lettre à Adolphe Boschot, 28 avril 1911.

Il passa un bon et bénéfique été à Azille, comme il l'écrivit à Germain vers le 25 septembre : « J'ai été heureux ici. J'ai fini mon morceau des *Éolides* ».

Comment ne pas être séduit d'emblée par la transparence de l'orchestration traduisant au mieux les bruissements et les caresses du Zéphyr, auxquelles se mêlent les fureurs passagères des filles d'Éole ?

Si l'atmosphère colorée préfigure l'art impressionniste par la suggestion du vent du midi, on ressent encore plus passer un souffle wagnérien. L'orchestre comprenant un petit effectif s'avère tout à fait efficace : au quatuor à cordes et à la harpe s'associent les bois par deux, deux cors, un cornet et une trompette. Nous sommes loin de la grande masse orchestrale propre à la future symphonie du musicien.

L'œuvre fut bien accueillie, lors de sa création à la S.N.M. : « C'est un vrai morceau de maître que la fantaisie orchestrale de M. Franck » nota *La Gazette musicale* du 20 mai 1877, tandis qu'Henri Moreno dans *Le Ménestrel* s'exclamait qu'« au lieu des brises printanières attendues, M. Franck ne nous a-t-il pas transportés en plein mistral ? ».

Cet accueil favorable ne pouvait que mieux conforter le compositeur dans sa conquête de la musique orchestrale. L'avenir saura grandement le prouver.

À l'orgue, d'autres feux de la rampe attendaient Franck lors des festivités de l'Exposition Universelle de 1878, l'un des symboles du Second Empire (après l'inauguration, en 1875 du Palais Garnier, nouveau temple de l'opéra). Pour fêter ce grand événement on construisit le Palais du Trocadéro, inauguré par le Président de la République Mac Mahon, remarquable par sa vaste salle de 4 600 places : « Bientôt, on vit surgir des hauteurs de Chaillot une massive rotonde, dont les deux galeries latérales, se déployant en hémicycle faisaient songer aux tentacules de quelque crabe gigantesque[53]. »

Le 6 juin 1878, Édouard Colonne assurait l'inauguration de la salle, dirigeant *Le Désert* de Félicien David et *Les Noces de Prométhée* de Saint-Saëns avec un orchestre et chœurs de 350 exécutants.

Aristide Cavaillé-Coll élabora pour l'édifice un instrument de grande envergure (66 jeux, 4 claviers), inauguré par Alexandre Guilmant le 8 août 1878 et jouant devant une salle comble quelques-unes de ses œuvres, ainsi que des pages de Haendel, Bach (*Toccata et fugue en ré mineur*), Martini, Chauvet et Mendelssohn.

---

53 Jacques Trézel, in *Le Ménestrel*, 3 août 1884.

Jusqu'à la fin de l'exposition (le 8 octobre), 16 concerts se succèderont avec la participation de Gigout, Saint-Saëns, Dubois, Messager. Widor y créera, le 24 aout, sa *Sixième symphonie* et Franck, le 1ᵉʳ octobre, ses *Trois Pièces* spécialement conçues pour l'orgue du Trocadéro.

Par cette grande prestation, Franck fut loué nous dit la *Gazette musicale*, comme « compositeur, improvisateur, exécutant, il a suffi au programme tout entier et avec l'autorité d'un Maître ».

Les *Trois Pièces* sont généralement perçues comme le prolongement et l'amplification des *Six Pièces* de 1862. Sans entrer dans l'analyse approfondie de toutes ces partitions, attardons-nous sur quelques-uns des éléments les plus caractéristiques :

> La *Fantaisie en la majeur* affirme un fort bithématisme, remarquable par la réelle dialectique présente jusque dans son puissant développement ; des idées musicales s'enchaînent les unes aux autres et les deux thèmes se superposent de manière grandiose. Le caractère d'improvisation de la pièce a souvent été souligné ainsi que la beauté des idées musicales.

Le *Cantabile*, chef-d'œuvre de maturité, constitue certes une réponse à la *Prière* des *Six Pièces*, mais avec moins de douleur, par un lyrisme profond où l'âme semble vouloir dialoguer avec son créateur. Si les allusions au style wagnérien sont évidentes, la pièce respire le parfum d'une effusion sincère et sans détours, pour conduire à l'essentiel. Franck y parvient, au prix d'une concentration qui, ne se relâchant pas, ouvre la voie à l'émotion la plus pure.

La fameuse *Pièce héroïque* a toujours su séduire les organistes et le public : c'est une sorte de poème symphonique (mais sans argument) dramatique, avec ses trois sections magnifiquement agencées. Le thème principal en si mineur, sur 12 mesures (en 2 périodes, le début de la deuxième étant identique au début de la première), propulse à la main gauche un motif agité, presque lisztien, ascendant d'abord puis descendant (*EX. musical 2*), accompagné à la main droite d'accords détachés. Tournemire vit dans cette œuvre « une victoire remportée sur soi-même ».

La *Pièce héroïque* peut-être également ressentie comme une lutte entre deux entités, celles préfigurant *La lutte de Jacob avec l'Ange*, représentée par Delacroix dans une peinture murale à Saint-Sulpice (1861). Par son évident caractère symphonique, la partition fut orchestrée par Charles O'connell en 1941 puis enregistrée par Pierre Monteux, avec le San Francisco Symphony.

Un autre monde de combats, d'une toute autre envergure, habite l'oratorio *Les Béatitudes*, « l'œuvre de toujours » (d'Indy), fruit d'une longue méditation humaine et « synthèse morale de sa vie[54] ». Franck confiera au compositeur et chef d'orchestre belge Sylvain Dupuis, avec cette lumineuse humilité qui lui appartenait tant : « C'est ce que j'ai fait de mieux... ».

Certes, on critiqua le livret de Madame Colomb, souvent emphatique (avec des « vers de mirliton », fulminera Debussy), l'absence d'unité entre toutes les parties et corrélative au fait que la réalisation de l'œuvre s'étala sur quelques dix années. On souligna la théâtralité (du reste très souvent en vigueur dans les oratorios de l'époque) présente dans les chœurs meyerbéeriens de certains passages, comme le *Più presto* (mes. 78) de la *Première Béatitude* : « Nous sommes de la terre/Les heureux. »

Un même sens théâtral se manifeste dans les interventions de Satan (*Septième Béatitude*) : « un Satan horrible et sauvage », selon le mot de Chausson, estimant également que malgré « la variété qui manque dans le texte, Franck réussit à la mettre dans sa musique, employant toutes les ressources de son art[55]... ». De son côté, Debussy trouvait les chœurs « trop facilement dramatiques, ces développements en grisaille fatigante et obstinée qui nous semblent quelquefois dépasser la beauté des *Béatitudes*[56] ».

Pourtant, l'œuvre comporte nombre de moments sublimes tel celui de l'apparition du thème cyclique – véritable *leitmotiv* –, exposé dès le *Prologue* et déroulant sur huit mesures sa ligne expressive : il s'ouvre par une quarte ascendante, telle une prière, en se résolvant sur une quinte descendante, peut-être pour matérialiser l'image du socle divin sur lequel l'humanité s'appuie... (*EX. musical 3*).

La figure du Christ, omniprésente et rayonnante, reste bien le fondement du message de la *Huitième Béatitude*, sublimant la dernière apparition du thème cyclique : « Venez, les bénis de mon Père, venez, venez à moi ! Vous avez sur la terre, vous avez suivi ma loi... »

Dans ce message musical apparaît « une métaphysique de la valeur morale[57] », selon une conception pouvant s'apparenter quelque peu à celle défendue par Ernest Renan : l'image du Christ rédempteur repose pour Franck, dans une vision universelle, sur l'assise de l'humanité. Il fallait le charisme et l'acuité du musicien pour parvenir à juxtaposer des sentiments assujettis à cette recherche de la « soif

---

54 Selon Maurice Emmanuel.
55 In *Le Passant*, mars 1887.
56 Claude Debussy, in *Chronique de Gil Blas*, 13 avril 1903.
57 Jean-Léon Beauvois, *Prélude, aria et finale*, Presses Universitaires de Grenoble, 1990.

de justice », de la paix, de la miséricorde : « Rien de plus poignant que le contraste qui s'établit par la seule force de ses idées entre une passion et son contraire.[58] » Après la mort de Franck, on constatera une lecture controversée des *Béatitudes*, au niveau idéologique, entre les liens entre le catholicisme et le courant de la libre-pensée (apparu pour la première fois dans un discours de Victor Hugo, en 1850)..

L'esprit franckien offre ici une antithèse thématique et tonale par un jeu permanent de couleurs sachant utiliser l'alternance des modes majeurs et mineurs, mêlée à de savantes modulations. Si les tons mineurs prédominent au début de chaque béatitude pour évoquer ce monde des ténèbres révélateur des combats humains, les « chœurs célestes » sont toujours écrits dans des tonalités majeures. Le musicien utilise ainsi un puissant figuralisme par un jeu de graduations, et plus subtilement, en choisissant certains intervalles mélodiques et couleurs instrumentales bien appropriées au propos.

L'orchestration demeure vivante et colorée : extraordinaire *Prélude* de la *Quatrième Béatitude* dans une puissance dramatique très prenante, belle maîtrise d'une écriture parfois de haut vol (magnifique canon accompagnant la déploration de la Mater Dolorosa en fa mineur dans le *Quasi Lento*, mes. 223, *Huitième Béatitude*). Avec raison, Dukas parle de « la plainte auguste » de la mère de Jésus.

Là, Franck atteint l'un des sommets de son art : sans théâtralité ni emphase, surtout dans un tel moment spirituel, il semble parvenir à faire sienne la douleur de la Vierge.

Apparaissent ensuite de véritables moments de grâce : la poignante péroraison pour célébrer l'ultime apparition du Christ et la grandiose coda en ré majeur, accompagnant l'exaltation du chœur par de puissants et répétitifs « Hosanna ! »

---

58 Paul Dukas, *Les Écrits sur la musique*, Société d'éditions Françaises et Internationales, 1947.

4
Passions et accomplissement

« Deviens ce que tu es » (Friedrich Nietzsche)

L'amour humain et l'amour mystique par le rachat, constituent l'idée directrice de la philosophie franckienne. Un rapprochement peut s'établir dès lors entre *Les Béatitudes* et le *Quintette*, car ces deux œuvres, selon Jean Gallois, « relèvent tout naturellement de la même pensée, du même désir de libération spirituelle[59] ».

L'amour humain suscite le trouble bien avant que le monde des passions ne parvienne à l'animer, le cas échéant à le détruire ou à le transcender. Une pensée des *Mémoires* de Berlioz aurait pu certainement d'interpeller Franck : « Laquelle des deux puissances peut élever l'homme aux plus sublimes hauteurs, l'amour ou la musique ?... C'est un grand problème. Pourtant il me semble qu'on devrait dire ceci : l'amour ne peut pas donner une idée de la musique, la musique peut en donner une de l'amour... Pourquoi séparer l'un de l'autre ? Ce sont les deux ailes de l'âme ».

Et c'est là, précisément, qu'apparaît Augusta Holmès...

---

[59] In *César Franck*, op. cit.

Le Quintette et Augusta Holmès

Commencé en 1878, achevé en 1879, le *Quintette avec piano* fut créé le 17 janvier 1880 salle Pleyel. Saint-Saëns, dédicataire de l'œuvre, y tenait la partie de piano ; il partit à la fin de l'exécution en oubliant (volontairement !) la partition, refusant de participer à une seconde audition prévue quelques temps plus tard...

Pour Ernest Chausson « le *Quintette* eut un grand succès parmi les artistes. Il troubla même l'Institut, vieille personne que la beauté artistique laisse généralement insensible[60] ».

Le climat très romantique, frémissant tout au long de cet étonnant chef-d'œuvre, a suscité maints commentaires, bien au-delà du simple contenu musical.

L'une des principales raisons en revient à la figure d'Augusta Holmès.

Augusta Holmès (1847–1903) étudia la composition avec Franck, vers 1885 selon d'Indy mais peut-être bien avant, à Versailles vers 1870, si l'on en croit quelques confidences de la jeune femme. Elle composa en particulier des poèmes symphoniques (*Irlande*, 1882 ; *Pologne* et *Andromède*, 1883). Écoutons ce qu'en dit le journaliste et écrivain Léon Daudet : « Elle chantait d'une voix profonde et déchirante ses pathétiques compositions, légendaires ou irlandaises. Elle chantait avec un style bien à elle, captivant, dominateur car le démon de Bayreuth l'avait marquée de son empreinte. »

Assurément, voilà une forte personnalité : Franck ne s'y était pas trompé en parlant « d'une nature d'élite ».

Active au sein de la « bande à Franck », la belle irlandaise séduisit plus d'un artiste par son charme et son tempérament de feu : ainsi Alfred de Vigny ou Camille Saint-Saëns. Ce dernier n'hésitait pas, du reste, à confier : « Nous sommes tous amoureux d'elle ! »

Elle parvint même à tourner la tête à Vincent d'Indy, confessant en 1872 : Je suis complètement toqué de la belle Augustina ! »

Augusta, à qui Liszt écrivait « Chère maestria », resta aussi une égérie dans la sphère littéraire du *Parnasse contemporain*, réunie autour de Stéphane Mallarmé et insufflée par Catulle Mendès, amant d'Augusta, wagnérien très engagé et critique redoutable.

Comment situer Franck dans toute cette affaire ?

Il sembla éprouver une plus ou moins réelle passion pour Augusta, passion sans doute exagérée par certains musicologues comme Léon Vallas, réfutée par

---

60 In César Franck, *Le Passant*, n° 89, mars 1887.

d'autres voulant, à l'instar de Vincent d'Indy, perpétuer une image pure du musicien. En effet, si d'Indy chercha à amoindrir l'impact d'Augusta sur Franck, ce fut sans doute pour ne pas ternir la réputation du musicien et par là même celle de ses disciples ! De plus, il semblait avec le temps avoir pris une certaine distance vis-à-vis d'Augusta, minimisant la relation artistique qu'elle sut entretenir avec Franck. Une lettre que d'Indy adressa vers 1920 à M. Pichard de Page peut nous éclairer sur ce sujet : « L'éminente artiste que j'ai connue à Versailles dès l'année 1869 tirait vanité d'avoir été élève de Franck surtout les derniers temps de sa vie. Mais en réalité, elle travailla (je crois) avec Saint-Saëns et ne s'adressa à Franck que vers 1885, je crois pouvoir l'affirmer. Elle ne fit donc *essentiellement* pas partie du « cénacle » Duparc, Chausson, d'Indy, Coquard, etc., mais vint au maître très postérieurement, alors qu'elle était en possession complète de son talent. Elle ne put dons recevoir que des *conseils* sur des *œuvres déjà faites*, conseils qu'à mon jugement elle n'appliqua guère (...), elle aurait arraché les yeux, après la mort de Franck, à qui lui aurait contesté le titre d'élève... »

Le dévouement d'Augusta Holmès pour la cause de l'art de son maître et de sa postérité resta extrême : elle prit la tête, avec Chausson, d'un comité de soutien pour la réalisation par Auguste Rodin d'un monument destiné à orner la tombe du musicien au cimetière du Père Lachaise. Une souscription fut ouverte pour récolter des fonds. De même, avec une énergie farouche, elle lutta, corps et âme, pour que l'œuvre de Franck puisse davantage apparaître dans la programmation des concerts. On ne peut que lui être reconnaissant de tout cela.

Selon Léon Vallas, le *Quintette en fa mineur* « incarne *un drame* que laisse deviner le tumulte sentimental ». Et Henri Duparc de soupirer : « Qu'avons-nous écrit à côté de tout cela ? »

De son côté Debussy ciblera le côté « paroxystique » parcourant cette musique : bien au-delà de ses aspects techniques, du foisonnement des idées, il nous faut réaliser combien la puissance d'expression y apparaît singulière par rapport à bien d'autres œuvres de Franck. Il faut dire que par ses remous – sorte de quintessence d'orages intérieurs –, nous sommes immergés dans on ne sait quel abîme, par une implacable descente des cordes. Comment dès lors ne pas songer à la marche puissante de Wotan, au cœur de la *Tétralogie* wagnérienne ? Comment rester insensible à un tel climat passionné ?

Car on y sent frémir tout un monde de passions : « Les élans, les rares éclaircies, l'agitation trépidante, le caractère inexorable du premier motif, la lassitude des dernières mesures révèlent un poème de l'inquiétude et de la souffrance... Si le début est un cri, l'andante est surtout une plainte[61]... »

Le *Quintette* de Franck contient un monde de tensions harmoniques en adéquation avec l'explosion de sentiments passionnés, des audaces compositionnelles, une rythmique marquée et assez inhabituelle. Après une introduction lente en fa mineur *Molto moderato quasi lento* – faisant alterner l'appel dramatique des quatre cordes et la plainte du piano (*EX. musical 4*) –,*l'Allegro, avec son* exposition orageuse, présente trois thèmes, dont le dernier en do dièse mineur/ majeur (*Tenero, ma con passione*) forme le thème cyclique.

Nous voici plongés au cœur d'une véritable « dramaturgie » dont nous ne pouvons connaître quels seront les enjeux de son déroulement et son aboutissement. Le motif cyclique omniprésent, annonciateur de combats dramatiques, se révèle capable de se combiner à la fois avec le premier thème et avec l'élément thématique entendu dans l'introduction.

Si le *Second mouvement* déroule une longue plainte au balancement berceur, le *Finale* prend la tournure saisissante d'une immense chevauchée épique, préfigurant celle du *Chasseur maudit*.

Saint-Saëns trouva inapproprié, pour une œuvre de musique de chambre, le climat exacerbé de l'œuvre, rejoignant ainsi la mise en garde de Liszt : « L'on ne dramatise pas la musique de chambre ».

Pourtant le *Quintette avec piano en fa mineur* de Brahms op. 34 (1864), n'offre-t-il pas lui aussi, dans la même tonalité de fa mineur, un caractère tout aussi passionné ?

Par le cheminement de cette œuvre, Franck remporte assurément quelque décisive victoire sur ses émois passionnels, mais d'une manière différente de celle exprimée par Henri Duparc dans plusieurs de ses *Mélodies*, dont *Extase* (1874) sorte de « mort d'amour » wagnérienne, et *Testament* (1883) véritable sublimation de l'amour terrestre en amour mystique. Pour le moins,, la trajectoire proposée par Franck se dessine d'une façon davantage « incarnée » et moins métaphorique. Du reste, s'il était souvent perçu comme un « homme placide », il pouvait aussi tout aussi bien, à en croire Maurice Emmanuel, « se révéler tout à coup comme un dominateur, secoué d'émotions formidables[62] ».

Incontestablement, Franck éprouva des tentations amoureuses, certainement inabouties, et il témoigna beaucoup d'affection pour certaines de ses élèves. Il signait ses lettres ou dédicaces avec l'apostrophe « Chère petite amie », mais selon

---

61 Robert Jardillier, *La musique de chambre de César Franck*, Mellottée, 1929.
62 In *César Franck*, op. cit.

une habitude de l'époque et sans doute sans arrière-pensées. Assurément, son pouvoir de séduction agissait sur la société féminine mais d'une manière davantage paternelle, comme on l'a souvent écrit. Plusieurs de ses nombreuses élèves auraient pu le troubler et susciter chez lui quelque amitié amoureuse : ce fut en particulier le cas pour Alice Sanches, fille de son ami d'Azille.

Lors du mariage de cette dernière, le musicien éprouva de la peine comme il l'écrivit à la sœur de la jeune fille (Marthe), le 22 janvier 1848 : « Je ne la verrai plus que bien peu dorénavant et je crains que ses lettres ne deviennent de plus en plus rares. Cette perspective n'est pas sans m'attrister un peu. J'ai tant aimé votre sœur... ».

Ce type d'affection paternaliste, il le manifesta à la fin de sa vie vis-à-vis d'une autre élève restée très proche ; il s'agit de Clotilde Bréal, future épouse de Romain Rolland, pour laquelle Franck dédiera plusieurs œuvres, dont le petit chœur de « jeunes filles » intitulé *Soleil*.

Malgré son titre évocateur, son atmosphère assez passionnée, la mélodie *Le Vase brisé* (1879) ne prouve nullement un lien avec une « supposée » passion pour Augusta Holmès et pour son « hypothétique dénouement ». Mais quoi qu'il en soit, la musique se révèle prenante grâce à de beaux et étonnants enchainements harmoniques. Cette mélodie est assurément l'une des plus attachantes et moins bien connues d'un *corpus* mélodistique assurément trop sous-estimé jusqu'à ces derniers temps.

Heureusement, plusieurs enregistrements récents, des études approfondies et l'édition critique des 19 mélodies, permettent assurément de mieux saisir ce domaine secret de l'art du musicien, jusqu'alors réservé aux seuls spécialistes. Franck a su bien évoluer, au fil de sa production, de la *romance* strophique, apanage des salons mondains du Second Empire, vers la *mélodie* proprement dite et dont Fauré, Duparc et Debussy seront les grands chantres.

En 1880 se produisit un événement heureux pour notre compositeur : la naissance de son petit-fils Robert (fils de Georges). C'est à cette époque-là, particulièrement riche en créativité, que tout en commençant d'écrire son opéra *Hulda*, il achèvera sa légende biblique *Rébecca*, orchestrée en 1881 et créé à la S.N.M. en 1883. Cette œuvre serait une sorte « d'action de grâces » dans une atmosphère sereine, pour « racheter » en quelque sorte les remous passionnés du *Quintette* !

Rébecca demeure une partition mal connue, hormis quelques chœurs parfois exécutés ; écrite pour deux solistes, ensemble vocal et un orchestre réduit, elle séduit par son charme, notamment celui du fameux *chœur des chameliers* à l'écriture harmonique raffinée.

Du Chasseur maudit aux Djinns

En 1882, Franck fêta ces soixante ans, atteignant une maturité épanouie : sa classe prospérait au Conservatoire et il s'en félicitait. Il sentait couler en lui une veine de jeunesse : celle du cœur, demeurée intacte, et lui permettant de mener à bien l'éclosion toute proche de cette fulgurante série de chefs-d'œuvre.

Il avait conservé une énergie presque inépuisable que beaucoup lui enviaient : « À vrai dire, le travail était pour lui une fonction naturelle, un besoin, sa seule distraction, et il ne connut jamais la fatigue[63]... »

Mais pour l'instant, retrouvons-le dans le monde du poème symphonique, où l'on peut aisément jouer avec cette « vague des passions » dont parle Chateaubriand dans *René* (1802).

Autour de 1870, la floraison des poèmes symphoniques précéda l'essor de la symphonie français d'une dizaine d'année : Saint-Saëns y occupait une place d'honneur en s'opposant à la grandiloquence berlioziennes, par un dosage parfait entre science architecturale et puissance évocatrice (particulièrement dans la *Danse macabre*, 1874 et *Phaéton*, 1873).

En 1879, il stipulait que « la musique à programme n'est pour l'artiste qu'un prétexte à tenter des vois nouvelles ». Soit. Et ces nouvelles voies se révéleront magistralement dans cette recherche de couleurs instrumentales poursuivies par Franck en 1882, au travers du *Chasseur maudit* (l'année du *Parsifal* de Wagner). La partition apparaît assez inhabituelle, novatrice même, tout à fait aboutie. Il s'agit d'une d'allégorie inspirée d'une *Ballade* romantique et fiévreuse de Bürger, à la portée moralisatrice : l'on ne peut transiger impunément avec le blasphème et la profanation !

Le héros va à sa perte au travers d'une course vertigineuse à cheval et contraint d'éprouver les affres de la malédiction. Avec adresse, Franck inverse symboliquement son parcours tonal familier : il procède du majeur au mineur, sans l'habituelle résolution dans un éclairage lumineux. L'utilisation d'éléments propres au figuralisme romantique apparaît tout au long de l'œuvre : l'appel des cors illustrant la chasse (sorte de leitmotiv puissant), la phrase élégiaque des violoncelles évoquant la prière, (accompagnée par la sonnerie des cloches), enfin les saisissants traits tournoyants des bois pour suggérer l'idée du blasphème.

Une dramaturgie efficace, une orchestration somme toute brillante, expliquent la réussite de cette partition figurant encore régulièrement au programme des

---

63 Julien Tiersot, *Le Ménestrel*, 16 novembre 1890.

orchestres. Il paraît certain que le poème symphonique *Lénore* du disciple Duparc (1874), sur la même *Ballade* de Bürger, influença directement celui de son maître.

Le Chasseur maudit fut donné à la S.N.M. le 31 mars 1883, sous la baguette de Colonne. Au même concert sera créé le poème symphonique *Viviane* de Chausson. Puis, Pasdeloup joua à son tour *Le Chasseur maudit* « avec une autorité et une verve peu commune », selon la remarque d'un critique musical.

Au cours de l'été 1884, Franck, se souvenant sans doute de la *Ballade* de Fauré pour piano et orchestre (1881), composa un nouveau poème symphonique *Les Djinns*, œuvre quelque peu assujettie à l'idée de la damnation (déjà bien présente dans le *Chasseur maudit*) mais plus encore à la terreur de l'être humain aux prises avec les génies du mal. « Cris de l'enfer ! Voix qui hurle et qui pleure » : aux clameurs du poète, le musicien répond au moyen d'un thème « ailé », ascendant dans un grand élan du grave à l'aigu.

L'œuvre, au souffle lisztien propre à la musique pour piano et aux grands concertos romantiques, place « l'instrument roi » au centre de l'orchestre (ce qui la distingue des concertos) et joue habilement sur des effets de timbres. Ici, le piano est traité soit comme soliste, soit comme un instrument d'orchestre et d'une manière pouvant rappeler celle propre à la *Danse macabre* de Liszt. *Les Djinns* s'inspirent d'un poème de Victor Hugo tiré du recueil *Les Orientales* (1929), audacieuse expérience de *crescendo* et de *decrescendo* poétique :

> Mer grise
> Où brise
> La brise
> Tout dort

> Dans la plaine naît un bruit... La rumeur approche... Dieu, la voie sépulcrale des Djinns... – Ils sont tous prés... Cris de l'enfer, voix qui hurle et qui pleure !... Prophète, que ta main me sauve... – Ils sont passés... De leurs ailes lointaines le battement décroît.

> J'écoute
> Tout fuit
> Tout passe ;
> L'espace
> Efface
> Le bruit.

Du malaise de l'homme aux prises avec les génies du mal, incarné par le piano solo, Franck a su bien en caractériser l'approche lancinante. Le malaise se transforme en angoisse, en supplication, face au tourbillon des génies avec, salutaire, « ce moment de paix fabuleux où l'homme et les génies se sourient[64] ». La réexposition presque littérale du début de l'ouvrage se fera en *decrescendo*, de la même manière que le poème.

Autour d'une légion d'honneur

Revenons au début de l'année 1884 : Chausson caressa l'idée de faire décorer Franck de la légion d'honneur. Pour ce faire, il organisa chez lui deux concerts, auxquels participèrent d'influentes personnalités des Beaux-arts et en mettant de surcroit à contribution des amis de la S.N.M. Chabrier y répondit favorablement : « Le brave petit Festival Franck me touche on ne peut plus. Au pied levé, je ferai toujours ma partie, surtout si elle n'est pas en fa dièse majeur, un sacré ton auquel je n'ai jamais pu m'habituer ! À vous, cordialement, homme vigoureux ! »

Le premier concert eu lieu le 13 février 1884, comportant un programme généreux : le *Quintette* (Messager y assurait la partie de piano), des extraits de *Rébecca*, *Hulda* (*Cortège en marche* et *Ballet*, extraits de l'acte IV), *Les Éolides* (en version 2 pianos), quelques fragments de la *Messe en la* etc.

En dépit de tout cela, le ministre décerna misérablement... les Palmes académiques au maître Franck ! Beaucoup protestèrent, tel Fauré qui fulmina auprès de Franck : « C'est un scandale. Ils vous prennent pour leur bottier ».

La revue *Conferencia* (16 août 1922) souligna l'évènement, à l'occasion du centenaire de la naissance du musicien : « Ils sont légion ces mutilés de la musique qui ont connu pendant longtemps l'oubli et que la gloire est venue sur le tard effleurer de son aile (...). Savez-vous comment le ministre d'alors récompensa Franck de ces *Béatitudes* qui sont l'honneur de la musique française ? Il lui apporta les palmes académiques – oui, les palmes, qui sont à la fois l'insigne du martyre et de l'instruction publique, ces palmes que l'on donne aujourd'hui aux contrôleurs de théâtres ou aux divettes de café-concert. »

N'était-ce qu'un simple retard ?

Le 1er juin 1885, les obsèques nationales de Victor Hugo furent l'occasion d'un vibrant hommage au poète par la nation toute entière ; le 6 août suivant on célébra plus modestement, mais dignement, César Franck fait Chevalier de la Légion d'honneur.

---

64 Alfred Colling, *César Franck ou le concert spirituel*, Gallimard, 1951.

Cependant, à la grande déception de ses admirateurs et ses disciples, on le récompensa avant tout pour son action pédagogique : « Franck (César-Auguste), professeur d'orgue », mentionna laconiquement le décret. Ce qui fit dire à Vincent d'Indy que « le gouvernement français avait décidemment avec lui la main malheureuse ! »

Selon *Le Ménestrel*, « officiellement, on a donné cette décoration au professeur d'orgue ; mais l'opinion publique y verra surtout un juste hommage rendu un peu tardivement au compositeur distingué de *Rédemption* et des *Béatitudes* ». De son côté, Chabrier l'honorera en lui écrivant : « Depuis vingt ans, vous étiez décoré de ne l'être pas… »

Naturellement les félicitations arrivèrent de tous les côtés : « Une vraie montagne de lettres et de cartes, environ quatre cents », prendra soin de préciser Franck à ses amis d'Azille, les Sanches. Certes, cette récompense le comblera, mais plus encore ce furent les ailes déployées de la création qui lui permirent de s'affirmer par un nouveau chef d'œuvre : *Prélude, choral et fugue* pour piano.

Des cloches du Montsalvat à Hulda

« Dans cette création, tout est neuf, invention et construction » remarquera à juste titre d'Indy, et l'on sait tout ce que cette partition doit à l'art de Bach et plus encore à celui de Liszt (*Prélude et fugue sur Bach pour orgue*, dans sa version pianistique de 1871). D'une manière différente de celles d'un Saint-Saëns ou d'un Fauré, Franck envisage le piano comme un instrument polyphonique et harmonique[65], avec de riches lignes contrapuntiques entrelacées d'amples mélodies. Cela explique l'écriture complexe et dense, difficile à conduire pour les interprètes : avant tout, le compositeur pense en architecte et dirige sa pensée en poète de l'âme. Alfred Cortot, ardent défenseur de l'œuvre, souligna « l'accent prophétique » du *Prélude*, avec ses grands arpèges passionnés ; Blanche Selva, autre grande interprète de Franck, saura apporter à ce triptyque son aura particulière, sa perspicacité, sa sonorité unique et son total engagement.

Le compositeur demeure ici fidèle au jeu des antagonismes, avec une concision de la forme extraordinaire : sa partition prend la forme d'un véritable combat pour conquérir la paix, grâce au *choral* central, réponse divine à la prière.

---

65 Cette œuvre de Franck a été orchestrée par Gabriel Pierné en 1933 et adaptée pour l'orgue par Henri-Franck Beaupérin en 2004.

Ainsi, les constantes franckienne observées depuis la *Grande Pièce symphonique* se retrouvent au sein d'une antithèse tonale : au ton de si mineur du *Prélude* répond le si majeur rayonnant de la *fugue*.

Dans la seconde partie (*choral*), à la manière de Wagner évoquant les cloches du Montsalvat dans son *Parsifal*, Franck fait ressortir remarquablement le thème par des effets d'irisation et de transparence. Ici la dimension métaphysique se mêle à la prière, non sans quelque douleur. La *fugue* devient une prenante ascension vers la lumière et dans son dernier volet, la superposition du choral sur lui-même se mêlant aux arpèges du *Prélude*, conduit à une monumentale coda.

Avec son « tact » habituel, Saint-Saëns critiqua l'œuvre de son aîné : « Morceau d'une exécution disgracieuse et incommode, où le Choral n'est pas un choral, où la Fugue n'est pas une fugue, car elle perd courage, dès que son exposition est terminée, et se continue par d'interminables digressions, qui ne ressemblent pas plus à une fugue qu'un zoophyte à un mammifère, et qui font payer bien cher une brillante péroraison.[66] »

Trois ans plus tard, le musicien écrivit un autre grand triptyque pour piano *Prélude, aria et final*, resté moins célèbre que le précédent. Lors de la création en 1888 salle Erard, l'accueil fut nettement plus réservé. Ce triptyque apparaît davantage marqué par l'empreinte beethovénienne, Franck cherchant à renouveler le cadre formel de la sonate par l'application élargie de la forme cyclique. À la sérénité du *Prélude* et de l'*aria*, répond le climat davantage passionnel et un peu grandiloquent du *final*, ombrageux et orageux. Mais la réapparition des cloches célestes du début de l'*Aria*, apporte la sérénité et la paix retrouvée. Par une polyphonie plus chargée et chromatique que dans le précédent triptyque, Franck rappelle davantage l'écriture propre à l'orgue.

L'année 1885 vit l'achèvement d'*Hulda*, après sept ans d'un travail plus ou moins assidu, Franck menant de front plusieurs compositions. Cet opéra en quatre actes, s'inspire d'une pièce norvégienne d'après une légende médiévale nous plongeant de plein fouet dans le monde menaçant des Vikings. Ainsi Franck retrouvait le chemin de l'opéra déserté depuis longtemps, et il confiera à Charles Bordes, avec un brin d'éloquence : « Je lis un peu l'œuvre de Wagner le soir pour m'échauffer puisque me voici compositeur de théâtre. Mais voyez-vous il n'y a encore que les Béatitudes pour m'emballer : je les relis sans cesse et cela m'entraîne à écrire pour le théâtre. »

---

66 In *Les Idées de M. Vincent d'Indy*, Lafitte, 1919.

L'action de l'opéra se passe en Norvège et l'héroïne en est Hulda, une femme enlevée au milieu du carnage de tous les siens par les barbares, ennemis de sa race. Assoiffée de vengeance, elle verra périr les uns après les autres les guerriers du clan adverse et cause la mort des deux hommes qui l'aimaient, avant de se jeter dans la mer dans l'épilogue de l'ouvrage.

Ce sujet peut surprendre de la part de l'homme des Béatitudes ! Il ne plut pas à certains disciples comme Maurice Emmanuel, fut minimisé par d'Indy et déconcerta le monde officiel de l'opéra par sa noirceur. Ne soyons pas surpris si l'on ferma à Franck la porte du Palais Garnier, sous le prétexte que c'était « une pièce absolument impossible », selon la conclusion du rapport de lecture conservé à l'Opéra de Paris. Le théâtre de la Monnaie à Bruxelles refusa également *Hulda* pour des raisons analogues. De fait, cet opéra ne sera donné sous une forme remaniée qu'à titre posthume, en 1894 au théâtre de Monte-Carlo (grâce aux efforts de Georges Franck), en 1895 à Toulouse et La Haye, en 1899 à Nantes, enfin la création du *Troisième acte* sera assurée aux Concerts Colonne en octobre 1904.

Voici un compte rendu de l'exécution donnée à Monte-Carlo : « L'œuvre est beaucoup plus lyrique que véritablement dramatique : par sa forme générale, elle rentre dans le genre de l'ancien opéra, quoique les formes musicales en diffèrent essentiellement, et s'éloigne du drame musical wagnérien[67]. »

Hulda anticipe d'autres opéras : *Le Roi d'Ys* de Lalo (1888) et le très wagnérien *Fervaal* de d'Indy (1889–1895). De son œuvre, Franck tirera un *Ballet allégorique* dans lequel on retrouve l'esprit des *Éolides*, mais dans une couleur plus pittoresque et presque ingénue. Il est intéressant de noter qu'ici l'orchestration révèle un autre aspect du métier de Franck en la matière, plus fluide et plus coloré. *La lutte de l'hiver et du printemps* (*Allegro moderato*) dans un esprit pétillant, rappelle le Tchaïkovski de *Casse-noisette* (la musique de ce compositeur, au moins pour piano, n'était vraisemblablement pas inconnue à Franck). On trouve également une délicatesse arachnéenne de mise pour la *Danse des elfes* (*Allegretto*), véritable scherzo poétique, au parfum un peu méditerranéen.

Mais au-delà de cette légèreté, l'opéra dans sa totalité, sans tourner le dos au grand opéra français, se ressent nettement d'une certaine influence wagnérienne, déjà par le souffle dramatique, l'amplitude et la maîtrise des idées musicales. Mais Franck, ne se rendant pas à Bayreuth, ne pouvait mesurer pleinement la portée scénique de Wagner. Cependant, l'emploi des cuivres, le raffinement des timbres,

---

[67] Julien Tiersot in *Le Ménestrel*, 11 mars 1894.

la vocalité très exigeante, le lyrisme soutenu, les envolées sensuelles, font d'*Hulda* une œuvre extraordinaire et dramatiquement puissante.

L'atmosphère des différents duos d'amour, rappelle quelque peu celle de *Tristan et Yseult*, en créant une sorte d'envoûtement : ainsi le duo entre Hulda et Eiolf à l'Acte II et l'étonnante scène d'étreinte nocturne à l'Acte III, cerainement le point culminant de l'opéra.

Joël-Marie Fauquet souligne l'importance d'*Hulda*, révélant un aspect méconnu de Franck : celui d'un dramaturge, grâce à « une partition de haut vol, débordante d'invention, d'une force d'évocation prenante, d'une qualité lyrique de premier ordre ».

Pour sa part, Gérad Condé considère avec raison que « la musique d'*Hulda* n'est pas simplement belle. Elle peut se révéler à la scène, réellement dramatique, conçue avec un sens très sûr du théâtre... »

Il fallut attendre mars 1994 pour qu'*Hulda* soit enfin représentée intégralement par l'University College Opera, au Bloomsbury Theatre de Londres. Pour le Bicentenaire de la naissance du musicien en 2022, l'Orchestre Philarmonique Royal de Liège sera à l'honneur avec des représentations d'*Hulda* à l'Opéra de Liège, ainsi qu'à Namur et Paris.

L'enregistrement de l'œuvre sera également publié au printemps 2023 par le Palazzetto Bru Zane, signe manifeste que Franck peut rentrer enfin la tête haute dans le monde de l'opéra.

« Une petite chose »

La poésie fleurit dans le cœur de Franck : l'été 1885, il travailla d'arrache-pied à une nouvelle œuvre pour piano et orchestre : *Les Variations symphoniques*. Ce fut sans doute, le pianiste Louis Diémer, créateur des *Djinns*, qui donna au compositeur l'idée d'écrire cette partition. Toujours modeste, il lui promit « une petite chose », laquelle s'étoffera rapidement, pour devenir par la suite l'un des joyaux de la littérature pour piano et orchestre.

Les *Variations symphoniques* restent plus proches de l'esprit propre aux *Djinns*, que du concerto. Une différence simplement: *Les Djinns* s'apparentent à un poème symphonique, Les *Variations symphoniques* à de la musique pure. Pour Franck, il s'agissait « d'un thème varié, où les thèmes proprement dits se créent au cours du morceau » dans un monde poétique riche en contastes et en intensité. Trois parties s'enchaînent avec deux thèmes en opposition: l'un rythmique et dramatique aux cordes, l'autre mélodique et expressif au piano. Une lutte permanente s'engage entre ces deux thèmes, dans un conflit laissant peut-être pressentir celui vécu par le musicien au plus profond de lui…

"Caricature de Liszt, vers 1879". (Coll.Part.)

Deuil et discordes

En 1886, Liszt décéda et nul ne doute que Franck en fut affecté ; il avait revu son illustre aîné à Paris quelques mois auparavant, à l'occasion de l'exécution de la *Messe de Gran*. Pour l'organiste de Sainte-Clotilde, cette année-là sera active jusqu'à l'éclosion de *Psyché*, de la *Sonate pour violon et piano* et de la création du *Psaume CL*, écrit pour l'inauguration du grand orgue Cavaillé-Coll de l'Institution des Jeunes Aveugles. Dans cet établissement de haut vol pour l'enseignement musical, situé rue Duroc, Franck fut nommé en 1875 inspecteur des études musicales. Lors d'un jury d'examen, il descella les qualités musicales du jeune Louis Vierne, le futur organiste de Notre-Dame de Paris (de 1900 à sa mort, en 1937).

Certes, Franck continuait de subjuguer les jeunes musiciens par son charisme : pour preuve, le cercle des disciples s'agrandit, Guy Ropartz, Guillaume Lekeu et Charles Bordes, ayant rejoint la « bande à Franck ».dans une union musicale accomplie.

78 | *Passions et accomplissement*

Si le maître ne parvenait pas vraiment à trouver sa pleine reconnaissance, il demeurait toujours très présent au sein de la Société Nationale de Musique où, depuis 1886, il occupait le rôle, plus honorifique qu'actif, de président. Il resta l'âme de cette société, comme le stipula Romain Rolland : « Le génie de César Franck fut le plus beau titre de gloire de la Société Nationale : elle fut la petite église où le grand artiste fut honoré, dans un temps où il était ignoré et ridiculisé au dehors[68]. »

Le fait que la S.N.M. permit, par un vote en 1886, d'ouvrir son répertoire à des œuvres anciennes et étrangères (comme celles de Wagner), provoqua quelques discordes au sein de ses membres en entraînant aussitôt la démission de Bussine et de Saint-Saëns. Ce dernier, irrité, refusait d'une part de voir les wagnériens prendre d'assaut la digne société musicale, et d'autre part de supporter la suprématie franckienne : « Dans le Comité, César et ses élèves faisaient bande à part, et complotaient à voix basse dans les coins, la situation devint telle que je donnais ma démission à mon tour.[69] »

On ne connaît que trop son aversion pour Franck : n'avait-il pas osé écrire, suite à fondation de la S.N.M. en 1871 : « César Franck, dont les œuvres étaient presque inconnues du public, trouva l'occasion pour sortir de l'ombre et se hâter de se faire naturaliser Français... » ?

N'en déplaise à Saint-Saëns, Franck restait dans l'aura protectrice d'une association qui lui restait fidèle, tout en sachant très bien utiliser son prestige : « Ainsi, la S.N.M. en rendant hommage au "Père Franck", s'abritait-elle *aussi* sous son aile[70]... »

Théodore Dubois, ayant également donné sa démission, sous-entendait que le devenir de la Société restait aux seules mains de d'Indy : « C'est-à-dire qu'elle est loin d'être éclectique et que le sectarisme y règne en maître[71]. »

Un exténuant manège

Si notre musicien ne trouvait guère le temps de s'occuper de ses nouvelles fonctions à la S.N.M., il faut en chercher la cause dans ses multiples occupations. Il ne se ménageait pas car, en plus du Conservatoire, il poursuivait « un exténuant

---

68 In *Musiciens d'aujourd'hui*, Librairie Hachette, 1908.
69 In *La Renaissance politique, littéraire et artistique* n° 16, 4 septembre 1915.
70 Jean Gallois, *Saint-Saëns*, Mardaga, 2004.
71 In *Souvenirs de ma vie*, Symétrie, 2009.

manège » (Joël-Marie Fauquet) pour aller d'une leçon à l'autre dans des institutions comme le collège Rollin, ou dans divers quartiers de la capitale (en particulier ceux de Clichy ou d'Auteuil), au prix d'incessants trajets.

Alertés par l'évidente fatigue de leur maître, les disciples s'indignaient du manque de considération dont il était l'objet : « Que le père Franck nous serve d'éternelle leçon ; il court encore le cachet… », écrira en 1889 Magnard à Ropartz.

Dans *Correspondance*[72], Emmanuel Chabrier écrivit à propos de son collègue : « Il passe sa journée sur des impériales d'omnibus et ses nuits à écrire des choses superbes… »

À Paris, son emploi du temps, impressionnant, était réglé comme une horloge : selon Pierre de Bréville, Franck se levait à 5 h 30 pour lire et composer, puis partait enseigner jusqu'au soir et il lui arrivait encore de travailler tard à ses œuvres. Le rapport au temps chez Franck, son lien avec les grands espaces se déployant dans sa musique, constitueraient un véritable sujet d'étude ! Travailleur infatigable et réglé comme une horloge, il combattait le temps, le calendrier entre année scolaire et vacances d'été, entre plages de cours, déplacements et son travail créatif.

Le soir, il pouvait seulement travailler un peu pour lui-même selon sa propre expression, mais le temps lui était compté.

N'a-t-il pas écrit à un moment donné : « Hélas, le temps m'échappe !… ».

Les périodes de vacances d'été lui permettaient de travailler plus librement, sans nécessairement arrêter son enseignement lorsqu'il restait à Paris, mais en l'adaptant. Cet extrait d'une lettre écrite à une élève (Lucile Le Verrier) nous éclaire : « Si vous travaillez là-bas avec beaucoup de modération, on prétend ici que je le fais avec exagération, vu surtout le moment présent qu'on appelle ordinairement les vacances. Mes vacances à moi, du reste, ont été agréables, à mon goût du moins : je n'ai pas cessé de donner des leçons, j'en ai même donné un assez grand nombre, mais presque toutes chez moi, ce qui m'a laissé pas mal d'heures pour composer. Je me suis mis tout en fait en train, et c'est pour moi un vrai bonheur que d'écrire. Il me semble que je trouve de belles choses, des harmonies incroyables, qui certainement n'ont été employées nulle part (…) »

En 1872, Arthur Coquard demanda conseil à son maître, sur la place que pouvait occuper son art par rapport à ses activités d'avocat. Cet extrait de la réponse de Franck nous donne de précieuses indications sur son propre vécu artistique :

---

72 Éditions Kinglsieck, 1994.

> Depuis *vingt-cinq ans* je n'ai *pas encore eu* pour composer, le temps dont vous pouvez disposer. Moi aussi, j'ai ce que j'appelle un cabinet d'affaires, mes procès, je veux dire mes leçons. Je ne puis pas ne pas les donner (...), et *je dois* avoir le courage pendant que je les donne, c'est-à-dire pendant les dix-douzièmes de l'année, d'oublier que je suis compositeur, parce que, sans cela, je les donnerais très mal[73]...

Pour beaucoup, notre musicien offrait l'image d'un « fonctionnaire modèle », avec des traits de notaire provincial, même d'un « notaire séraphique » selon le surnom gentiment ironique donné par l'écrivain et chroniqueur Willy. On le raillait parfois : Saint-Saëns racontait « qu'avec ses favoris en côtelettes, il avait l'air d'un vieux domestique[74] ».

Décidemment, le compositeur de *La Danse macabre* trouvait toujours quelque mot méchant ou narquois envers son ainé ! Le compositeur Alfred Bruneau su bien mettre en évidence le caractère difficile de Saint-Saëns, notant son « tempérament batailleur, dès qu'un sujet de discussion le tentait, il saisissait sa plume de polémiste et s'en servait rudement, furieusement, vaillamment, la maniant comme une épée redoutable et vengeresse ».

Gabriel Pierné, de son côté, donna une image vivante de son maître arrivant à ses cours, « en sautillant, par le fond du vieux Conservatoire, dans sa tenue habituelle, qui avait la rigidité d'un uniforme : redingote, chapeau haut de forme, pantalon gris haut monté par les bretelles, ce qui lui donnait l'aspect d'un pantalon trop court ; puis son parapluie, qu'il n'oubliait jamais et qu'il portait accroché au bras gauche, ou qu'il laissait traîner négligemment[75]... »

D'Indy laissa une description à peu près identique : « Quiconque coudoyait dans la rue cet être toujours pressé, à la physionomie distraite et perpétuellement grimaçante, trottant plutôt que marchant[76] »

---

73 Norbert Dufourcq, *Autour de Coquard, César Franck et Vincent d'Indy*, Editions du Coudrier, 1952.

74 Extrait d'une lettre de Saint-Saëns à Henri Maréchal, le 11 janvier 1918.

75 In *Le Ménestrel*, 1er déc. 1922. Voir aussi l'amusante description donnée par M. Loustaud (voir en Annexes).

76 In *César Franck*, op. cit.

Félicité, aussi

On a beaucoup stipulé sur la personnalité et le caractère de Félicité Franck, souvent en la dépeignant comme une personne acariâtre, voire austère ; en soulignant à juste titre sa vie rangée, son dévouement pour sa famille, son sens de l'économie et du devoir conjugal. Un certain nombre de témoignages de ses proches (notamment ceux de sa petite fille Thérèse, de ses cousins et cousines) concordent, apportant de précieuses indications sur Félicité. Nous pouvons en découvrir dans *Mes Souvenirs de famille* de Félix Boutet de Monvel[77] : Félicité, à ses yeux, apparaissait être une femme « la plus prodigieusement originale », mais dont la place « n'était pas à côté d'un créateur, d'un précurseur ».

Allons plus loin : « Que Félicité, qui avait dû sacrifier ses propres ambitions d'artiste à un mode de vie que l'impécuniosité rendait austère, fût autoritaire et peu avenante, on aurait du mal à le nier[78]. » Félicité Franck était surnommée par son mari (on le voit dans les lettres qu'il lui adressait) « Tété », surnom que lui donnaient parfois ses cousins et cousines. Sa cousine Claire Brissaud (née Féréol) révéla quelques traits de son caractère entier et facilement irritable, son surnom de « vieille Tiche » se muant, dans le cas extrême en « Tignasse » !

Si Madame Franck veillait sur la bonne marche du foyer avec beaucoup d'engagement, au niveau artistique, elle ne suivit pas toujours son mari dans son évolution, dans sa réalisation personnelle, dans ses projets, dans ses audaces créatrices.

Écoutons ce témoignage de Léon Vallas :

> Installée dans leur appartement du boulevard Saint-Michel, elle restait dans une chambre voisine de celle du piano, pour pratiquer une étroite et contenue surveillance auditive. La musique lui plaisait-elle, elle ne pouvait s'empêcher de venir l'entendre de plus près : mais si le maître faisait sonner quelque partition trop complexe ou trop audacieuse, elle ouvrait brusquement la porte de communication et lançait une apostrophe : « Décidément, César, je n'aime pas ça ! ».

> Ce détail surprenant avait été indiqué par Constance-Elisabeth Maud dans la revue anglaise Nineteen Century (novembre 1922) ; nous avions communiqué ce texte à Madame Chopy-Franck qui nous a répondu : « L'histoire est rigoureusement exacte ! » [...] Une autre anecdote, que nous a contée Pierre de Bréville,

---

77 Quelques extraits significatifs sont reproduits dans les documents en annexe, avec l'aimable permission des descendants de Franck.
78 Joël-Marie Fauquet, in *César Franck*, op. cit.

concerne *Prélude, choral et fugue*. Franck venait de terminer cette œuvre ; recevant chez lui son disciple, il en jouait le finale quand la porte s'ouvrit brusquement ; Madame Franck surgit très animée, s'écriant : « Est-ce que ce vacarme ne va pas bientôt finir ?... » Et le pauvre père Franck dit avec tristesse : « Ce que je fais est donc considéré comme un bruit désagréable[79] ! ».

Citons aussi pour clore ce chapitre, un précieux témoignage de la petite fille de Franck (deuxième enfant de Georges), Thérèse Chopy-Franck (1882-1971) :

> Ma grand-mère était musicien, cependant : je suis son élève ; mais certaines audaces la déroutaient, et dans ces heures matinales où Franck fit son œuvre, il l'entendait parfois de la pièce voisine, lui dire un « Coupe ça, César, on ne comprendra pas ! Jamais on ne comprendra ça ! ». Heureusement le pauvre cher homme ne coupait pas[80].

« Une âme amoureusement païenne »

Avec l'ardeur de ses soixante ans, Franck conservait vitalité et enthousiasme, dirigeant sa musique assez régulièrement comme en 1887 à Bordeaux, puis à Paris au Cirque d'Hiver (« Festival Franck » avec Pasdeloup, un concert hélas mal préparé), l'année suivante à Lyon. Heureusement, il s'accordait un peu de repos l'été avec sa famille, louant depuis 1880 une maison à Combs-la-ville-Quincy (Seine et Marne). C'est dans ce lieu paisible, donnant sur la lisière de la forêt de Sénart, qu'il composa en partie *Hulda*, la *Sonate* et *Psyché*.

« Incomparable poème d'amour métaphysique[81] », *Psyché* reste véritablement l'œuvre du musicien où s'exprime le mieux l'idée d'une volupté à la fois réelle et sublimée, où « une âme amoureusement païenne » se dévoile presque naturellement. Si le *Quintette* montrait davantage les combats intimes et passionnés du musicien, *Psyché* idéalise les sentiments, même s'ils sont évocateurs. Cependant, une même idée de la purification, de la métamorphose des forces obscures, réunit sensiblement les deux ouvrages.

Même si le musicien la mûrissait depuis quelques années, la partition de *Psyché* fut écrite d'une traite au cours de l'été 1886, été prolixe car il lui permit aussi

---

79 In *La véritable histoire de César Franck*, op. cit.
80 Rapporté par José Bruyr, in « En parlant de César Franck avec sa petite-fille », *Le guide musical*, oct.–nov. 1932.
81 Camille Mauclair, *La Religion de la musique*, Librairie Fischbacher, 1909.

d'élaborer une partie de la *Sonate*. L'orchestration occupant l'été 1887, la création de *Psyché* à la Société Nationale eut lieu en mars de l'année suivante, sous la direction de Franck en personne. L'accueil du public fut favorable et *Le Ménestrel* parla d'une œuvre « d'un intérêt sans cesse grandissant », en louant « le sentiment élevé et soutenu ».

Franck s'intéressa à ce mythe grec peut-être à l'instar de l'opéra *Psyché* d'Ambroise Thomas (1878), ouvrage qu'il appréciait au demeurant. Le texte utilisé ici, s'inspire assez librement des *Métamorphoses* d'Apulée ; il semble selon certaines sources avoir été écrit par S. Sicard et Louis de Foucaud, ou peut-être même par Georges Franck (selon d'Indy).

Si aujourd'hui *Psyché* parait trouver une place naturelle dans l'œuvre de Franck, il n'en fut pas de même à son époque. Le fait que ce soit lui, dans sa fonction (certes réductrice mais souvent perçue comme telle) de musicien d'église, qui puisse se permettre ainsi d'illustrer l'un des mythes les plus osés de l'antiquité, souleva quelques interrogations avec un peu de gêne, voire de l'hostilité dans les milieux « bien-pensants ». De plus, *Psyché* troubla Félicité Franck, sans doute offusquée par le climat un peu trop sensuel de la partition !

L'interprétation chrétienne et mystique de d'Indy ne saurait en rien faire oublier la sensualité quelque peu envoûtante liée à la figure de Psyché, la mère de Volupté. Dans la vision mythique de Franck, la conception d'un « éternel féminin » semble corroborer la dichotomie chair/esprit que nous relevons chez certains mystiques ou chez des musiciens comme Duparc.

On admire la profonde unité de cette suite en cinq tableaux (chacun apparaissant comme un poème symphonique indépendant) dans un principe cyclique jouant le rôle de fil conducteur, grâce à une mutation des thèmes d'une partie à l'autre. Le discours musical, intense et souvent passionné, sait autant révéler quelque émoi intérieur de Franck, que la sublimation par l'amour mystique.

L'orchestration, très nuancée, suggestive, d'une plasticité raffinée, s'éloigne des lourdeurs qui seront reprochées à la future *Symphonie en ré*. *Psyché* appelle davantage un climat évocateur par l'utilisation subtile du figuralisme, notamment dans la *Deuxième partie* de l'œuvre : lors du réveil de Psyché par les Zéphyrs, le vent caressant se traduit par le dessin mélodique de deux flûtes lors de l'invocation « Amour ! Source de toute vie ». Puis à la toute fin de l'œuvre, Psyché et Eros enlacés, s'élèvent vers les cieux, accompagnés suavement par le chœur et le bercement de la harpe.

La *Troisième partie*, « Souffrances et plaintes de Psyché » (à l'orchestre seul), révèle avec beaucoup d'émotion un moment crucial de l'ouvrage : « Psyché pleure ; elle souffre des douleurs infinies, car elle a connu l'infini bonheur. Elle meurt dans un douloureux et suprême élan vers cet amour idéal qu'elle a perdu à jamais, mais qu'elle espère toujours ».

Les chœurs, dans une belle écriture parfois suave, apparaissent incorporés à l'orchestre non comme « acteurs », mais plutôt comme commentateurs de l'action ; ainsi à la toute fin : « Eros a pardonné (...)/Et toi, couple divin, monte dans la lumière. /Le miracle d'amour est enfin accompli. »

L'écrivain spiritualiste Jacques Rivière analysa ainsi *Psyché* : « Une âme se chante avec fidélité. Tout vient d'elle. Elle s'épanouit dans la solitude ; elle se développe, s'accroît, se donne dans une candide prodigalité (...). Franck dévêt Éros et Psyché de leur corps ; à la charnelle poésie du mythe antique, il substitue l'histoire de l'Âme et l'Amour ; entendons : de l'Amour divin. Le duo si plein d'enlacements et de flammes, qui s'élève soudain de l'orchestre, brûle d'un pathétique uniquement spirituel : ce sont les noces de l'âme sainte en Dieu.[82] »

Proust et la sonate de Franck

La *Sonate en la majeur* op. 13 (1876) pour violon et piano de Fauré marquera Franck, par son rayonnement et sa beauté. Sans doute aussi la première audition à la S.N.M. (1886) de la *Première Sonate pour violon et piano* de Saint-Saëns donna l'idée à notre musicien d'écrire sa propre sonate. Il la composa en trois semaines et on peut dire sans se tromper qu'elle dépasse de beaucoup celles de ses contemporains, par sa perfection formelle, la beauté et l'élévation de ses idées musicales.

Tout en étant incarnée, l'œuvre semble contenue dans un rêve : Vladimir Jankélévitch y voyait « un raccourci de *l'aventure humaine* tournée entre mort et renaissance, sans être *elle-même* cette aventure[83] ».

La *Sonate* de Franck reste de loin son œuvre la plus populaire, la plus aimée et la plus régulièrement enregistrée (environ 180 enregistrements à ce jour !). Dans les années qui suivirent sa création, elle permit à la renommée du compositeur de s'accroître dans de nombreux pays. Elle fut également la source de plusieurs sonates pour violon et piano (celles de Lekeu, Ropartz, Pierné, d'Indy, Vierne, Ravel, Debussy, etc.).

On a souvent rattaché la *Sonate* de Franck à la fameuse *Sonate de Vinteuil*, évoquée à plusieurs reprises dans *À la recherche du temps perdu* de Marcel Proust

---

82 In *La Nouvelle Revue française*, 1924.
83 La *Musique et l'Ineffable*, Armand Colin, 1961.

(1871–1922), vaste somme romanesque en sept tomes et publiée entre 1913 et 1927.

Une « petite phrase » musicale de cinq notes hante le récit, en exprimant et en attisant les sentiments de Swann et du narrateur. Le personnage de Vinteuil, imaginé par Proust, reste un compositeur fictif, évoqué au travers de sa musique : une *Sonate* et un *Septuor*, capables de déclencher et d'entretenir les émotions ou les souvenirs animant les divers personnages. Jean Gallois nous l'explique : « En fait, pour sauvegarder le mystère, Proust se garda bien de donner trop de précisions et le lecteur ne saura pratiquement rien de Vinteuil, de sa formation, de son esthétique voire de son appartenance à tel mouvement musical, d'avant-garde ou non[84]. »

On a pu même trouver une légère analogie entre le personnage de Vinteuil et César Franck, mais cela demande naturellement à être nuancé : « Vinteuil incarne, semble-t-il, le compositeur idéal selon Proust, dont l'art subtil et rare semble le fruit d'une vie retirée, d'un esprit tendu vers la perfection mais indifférent aux hommes et de ce caractère modeste qui promet les plus obscures carrières.[85] »

On sait que Franck occupait une place importante dans la sphère musicale de Proust, prenant soin de préciser dans une lettre datée du 17 février 1916 et destinée à Madame de Mandrazo, que « Vinteuil symbolise le grand musicien genre Franck ».

Le lien que le romancier entretenait avec la musique demeure puissant, générateur de perspectives inépuisables, parfois troublantes. Ainsi dans *La Prisonnière* (Cinquième tome de *À la recherche du temps perdu*), Proust s'explique sur les similitudes possibles entre la *Sonate de Vinteuil* et quelques œuvres de compositeurs familiers à son univers :

> Ces phrases-là, les musicographes pourraient bien trouver leur apparentement, leur généalogie, dans les œuvres d'autres grands musiciens, mais seulement pour des raisons accessoires, des ressemblances extérieures, des analogies plutôt ingénieusement trouvées par le raisonnement que senties par l'impression directe.

La *Sonate de Vinteuil* incarne plus précisément la relation passionnelle de Swann pour Odette :

---

84 In *Camille Saint-Saëns*, Mardaga, 2004.
85 François Sabatier, *La Musique dans la prose française*, Fayard, 2004.

> Il avait entendu une œuvre musicale exécutée au piano et au violon. D'abord, il n'avait goûté que la qualité matérielle des sons secrétés par les instruments. Et ç'avait déjà été un grand plaisir quand, au-dessus de la petite ligne du violon, mince, résistante, dense et directrice, il avait vu tout d'un coup chercher à s'élever en un clapotement liquide, la masse de la partie de piano, multiforme, indivise, plane et entrechoquée comme la mauve agitation des flots que charme et bémolise le clair de lune...

On a cherché à « lever le voile » sur la source musicale inspirant « la petite phrase », surtout en s'appuyant sur la fameuse lettre écrite par Proust à son ami l'écrivain Jacques de Lacretelle (1910). En voici l'extrait le plus significatif : « Dans la mesure où la réussite m'a servi, mesure très faible à vrai dire, la petite phrase de cette sonante (pour commencer par la fin) dans la soirée Sainte-Euverte, la phrase charmante mais enfin médiocre, d'une sonate pour piano et violon de Saint-Saëns, musicien que je n'aime pas. Dans la même soirée, un peu plus tard, je ne serais pas surpris qu'en parlant de la petite phrase, j'eusse pensé à *l'Enchantement du Vendredi saint*. Dans cette même soirée encore, quand le piano et le violon gémissent, comme deux oiseaux qui se répondent, j'ai pensé à la Sonate de Franck (...). Les trémolos qui couvrent la petite phrase chez les Verdurin m'ont été suggérés par le Prélude de Lohengrin, mais elle-même, à ce moment-là, par une chose de Schubert. Elle est, dans la même soirée, un ravissant morceau de Schubert... »

Selon Jean Gallois[86], le lien direct entre « la petite phrase » de la *Sonate de Vinteuil* et celle de Saint-Saëns ne fait pas de doute : Proust écoutait la sonate interprétée par son grand ami le pianiste et compositeur Reynaldo Hahn (1874–1947), tout comme Françoise la jouera inlassablement au héros de *Jean Santeuil*, avec un sentiment amoureux : « Il avait reconnu cette phrase de la Sonate de Saint-Saëns que presque chaque soir, au temps de leur bonheur il lui demandant et qu'elle rejouait sans fin, dix fois, vingt fois de suite... ».

De fait, il n'y a aucun doute sur l'appartenance de cette sonate, lorsque Proust écrit : « Alors Jean reconnut la *Première Sonate pour piano et violon* de Saint-Saëns et sentant ce qui allait venir, il sentit son cœur se troubler. Et en effet, la phrase attendue s'adressa à lui ». Pour François Sabatier, la *Sonate de Saint-Saëns* semble bien constituer « le modèle principal de celle de Vinteuil et de sa « petite phrase » insistante et si souvent redite qu'on lui confère dans *La Recherche* une fonction aussi décisive que la madeleine trempée dans une tasse de thé[87] ».

---

86 In *Camille Saint-Saëns*, op. cit.
87 In *La Musique dans la prose française*, op. cit.

Du début à la fin, *À la recherche du temps perdu* est parcouru par cette « petite phrase » musicale de cinq notes ayant le pouvoir d'exprimer et d'attiser les sentiments des personnages. Quand la musique s'arrête, l'auditeur retombe « dans la plus insignifiante des réalités... ».

La fameuse « phrase » semblerait bien être le second thème en fa majeur du premier mouvement de la *Sonate* de Saint-Saëns, avec son motif *espressivo* et ses intervalles de tierces et de secondes, le rendant facile à mémoriser.

Ce motif, s'inscrivant à l'intérieur d'une sixte, est accompagné d'arpèges à la parie pianistique et déroule une suite de noires pointées régulières, dans un mouvement ternaire ; il se voit de plus enrichi d'un *gruppetto*, remarqué par Swann. La « petite phrase » réapparait dans le dernier mouvement de la *Sonate de Vinteuil* comme le second thème de celle de Saint-Saëns participant à la fin de l'œuvre à l'épilogue triomphal.

Dans la sonate « réelle » et celle « fictive », le motif évolue selon des éclairages et des humeurs différents, des changements imprévus. Soulignons que la *Sonate* de Franck offre dans son mouvement initial un premier thème cyclique également ternaire (ici à 9/8) et répondant à ce que Proust dépeint à Antoine Bibesco, comme « gémissant et alarmé ». Du reste, il faut savoir que la *Sonate* de Franck révèle bien des analogies avec celle de Saint-Saëns : quatre mouvements relativement indépendants, absence d'un vrai scherzo, éléments cycliques. Mais elle la dépasse de beaucoup, par un langage plus personnel et moins formel, par l'éloquence et le souffle passionné de ses idées musicales auxquelles Proust paraissait être tout particulièrement sensible.

Dans *À la recherche du temps perdu*, l'allusion à la *Sonate* de Franck s'apparente au « beau dialogue », inspiré par le duo canonique du violon et du piano dans le dernier mouvement (*Allegretto poco mosso*) constituant le final de la *Sonate de Vinteuil* :

> Le beau dialogue que Swann entendit entre le piano et le violon au commencement du dernier morceau ! (...) D'abord, le piano solitaire se plaignait, comme un oiseau abandonné de sa compagne ; le violon l'entendit, lui répondit comme d'un arbre voisin. C'était comme au commencement du monde, comme s'il n'y avait encore eu qu'eux deux sur la terre, ou plutôt dans ce monde fermé à tout le reste, construit par la logique d'un créateur et où ils ne seraient jamais que tous les deux : cette sonate !

La référence du début du premier mouvement *Allegro ben moderato* ou des mesures initiales du troisième mouvement *Recitativo-Fantasia* de la *Sonate* de Franck (que Proust demandait aux interprètes de lui rejouer plusieurs fois de suite) parait manifeste avec « ces gémissants appels » répondant au piano, « comme d'un arbre, comme d'une feuillée mystérieuse[88] ».

La musique suscite chez le personnage de Swann tout un monde d'émotions, de pensées enfouies : par elle, il peut revisiter « le temps perdu ».

Pour conclure cette plongée dans l'art proustien, François Sabatier nous montre que des résonnances « plus baudelairiennes dans leurs *correspondances* avec les sons et donc plus typiques du symbolisme, apparaissent aussi les très nombreuses notations colorées que la musique inspire ou qu'on lui associe selon de subtiles intuitions[89] ».

Le violoniste Eugène Ysaÿe (1870–1894), né à Heusy, dans la province de Liège, s'établi à Paris en 1876, et se lia dès 1883 avec Franck, Fauré, Saint-Saëns,

On sait qu'Ysaÿe fut l'heureux dédicataire de la *Sonate* de Franck. Il lui exprimera sa gratitude dans une lettre enflammée :

« C'est un chef-d'œuvre !...

Oui, maître, un chef-d'œuvre, mais que peut vous faire ce mot de la part de moi... Pigmée !? Votre première partie est une longue caresse, un bienfaisant réveil en un matin d'été – c'est une merveille ! La deuxième peint le trouble, – un vrai tord-l'âme[90]... »

Ysaÿe créa la sonate en Belgique, où le renom de Franck en tant que compositeur, grandissait. Elle fut ainsi jouée au Cercle artistique et littéraire de Bruxelles, puis de nouveau en décembre 1886 dans un concert de plus grande envergure consacré au musicien (avec le *Quintette*, des extraits de *Rédemption* et des *Béatitudes*). Puis on exécuta l'année suivante la *Sonate* à Paris, toujours avec le concours d'Ysaÿe : une première fois Salle Erard, ensuite dans le cadre de la S.N.M. (décembre 1897).

Par la suite, le célèbre virtuose interpréta l'œuvre de Franck dans toute l'Europe et aux États-Unis, dans le cadre du fameux duo qu'il avait fondé (en 1896) avec le pianiste Raoul Pugno. D'autres grands interprètes contribuèrent au renom de la sonate : le violoniste Armand Parent (ami de Franck), accompagné par les pianistes Cécile Boutet de Monvel et Marthe Dron (enseignante à la Schola Cantorum) ; Jacques Thibaud et Alfred Cortot, enregistrant une version historique en 1929 (Salle Chopin à Paris).

La *Sonate en la majeur* a souvent été comparée à la *Sonate opus 101* de Beethoven par un plan d'ensemble identique en quatre mouvements. L'inspiration ne

---

88 Extrait d'une lettre de Proust à Antoine Bibesco, 19 avril 1913.
89 In *La musique dans la prose française*, op. cit.
90 Lettre datée du 28 octobre 1886.

faiblit pas d'un bout à l'autre avec une inventivité sans failles. La *Sonate* naît d'une cellule de trois notes, avec trois idées génératrices répétées et amplifiées tout au long de son cheminement. Le premier mouvement, *Allegro ben moderato*, donne l'élan au premier thème exposé au violon, après une introduction interrogative du piano de quatre mesures. Ce motif, très expressif et amplement développé (27 mesures), privilégie l'intervalle de tierce : « ré-fa », « si-ré » (*EX. musical 5*).

Le second mouvement, *Allegro* en ré mineur, révèle par la ligne nerveuse du piano son caractère à la fois puissamment lyrique, heurté et dramatique. Sans faiblir, les deux instruments prouvent leur suprême équilibre, dans un jeu d'interrogations et de réponses.

Le troisième mouvement, *Recitativo-Fantasia*, s'apparente à une sorte de lied en trois épisodes développant les trois motifs générateurs. Par une volonté quasi-théâtrale du violon, s'exprime tout un monde de tensions qui s'apaiseront à la toute fin.

Le final, *Allegretto poco* mosso, renoue avec le ton initial de la majeur. Il déroule, dans un mouvement allant et souple, un délicieux canon entre les deux instruments, dans une évidente vision de complémentarité (*EX. musical 6*). Les éléments thématiques des premiers et troisièmes mouvements sont au cœur du développement et conduisent, par un *poco animato*, à une brillante et lumineuse péroraison.

La sonate de Franck fut portée aux nues par ses disciples et a toujours fait l'unanimité chez les musiciens et le public, par la plénitude de son inspiration et son incommensurable perfection formelle.. Citons ce commentaire particulièrement élogieux de Guy Ropartz, datant de 1887: « C'est une œuvre de premier ordre et d'une haute portée artistique : on ne sait ce qu'il faut admirer le plus, de l'élévation des idées, de la pureté de la forme, de la richesse et de la nouveauté des harmonies.»

« César Franck dans l'Album Musical, octobre 1904 » (Coll. Part.)

5 | Le chant ultime

« L'art reflète la vie sur un plan supérieur » (Edwin Fischer)

Le temps presse pour César Franck, il a encore tant à donner : en 1886, on le retrouve actif comme organiste et comme chef d'orchestre. En mars, Salle Gaveau, il dirige la première de *Psyché* dans sa version intégrale ; en décembre, il se rend à Angers au Cirque d'hiver pour un programme qui lui est entièrement consacré, notamment avec des œuvres symphoniques et la *Sonate*. Ysaÿe continue d'honorer son ami en organisant à Liège le 19 mars un grand concert d'œuvres qui lui sont consacrées, concert salué ainsi par Sylvain Dupuis : « Tout le monde ici chante vos louanges, le concert a été un très grand succès. »

Les cloches du soir

L'année 1888 fut de nouveau féconde : Franck composa une œuvre assez marquante pour quatre voix d'homme et orchestre intitulée *Hymne à Jean Racine*, qu'il créa à Tournai en avril 1890, un chœur pour trois voix de femmes (*Premier sourire de mai*) et deux mélodies (*Les Cloches du soir, Procession*).

Les *Cloches du soir*, sur un poème de Marceline Desbordes-Valmore (du recueil *Poésies*, 1830) comptent parmi les grandes réussites mélodistiques de Franck.

« Quand les cloches du soir, dans leur lente volée,/Feront descendre l'heure au fond de la vallée... ». Une certaine tristesse transparait dans ce beau texte et Franck sait admirablement la traduire, déjà par le choix de la tonalité de la bémol majeur, puis en dessinant une ligne vocale épurée et régulière – presque comme un bercement –, soutenue par de simples accords en blanches aux subtiles et prenantes harmonies.

Dans *Procession* (poème d'Auguste Brizeux, *Histoires poétiques*, 1855), véritable *lied* plein de ferveur, une belle harmonie se déploie ; cette mélodie écrite directement pour voix et orchestre révèle quelque adéquation souveraine entre la déclamation poétique et sa déclinaison musicale, au demeurant très suggestive et inspirée. Charles Koechlin en soulignera son « développement symphonique en raccourci, d'une réalisation très nouvelle, sans préjudice de l'unité et de la logique musicale[91] ».

De la symphonie au quatuor

L'œuvre essentielle de cette période fut incontestablement la *Symphonie en ré mineur*.

En France, dans les années 1880, les compositeurs eurent l'ambition de remettre en honneur la musique pure, de revivifier une écriture véritablement apollinienne et bâtie sur une solide architecture redevable des leçons beethovenienne. En effet, la symphonie française se voulait l'authentique héritière du maître de Bonn, face à l'art de Schumann, Brahms, Bruckner, tous trois accusés abusivement par les franckistes (d'Indy en tête) d'avoir négligé l'organisation formelle et tonale de Beethoven. Si Berlioz fut pleinement reconnu en tant que créateur de l'orchestre moderne, sa musique symphonique (*Symphonie Fantastique, Harold en Italie*), davantage proche de la musique à programme, ouvrit davantage la voie à Liszt, Wagner, Mahler ou Richard Strauss, qu'aux musiciens français en exceptant Saint-Saëns. Déjà, Bizet dans sa *Symphonie en ut* (1855) et Gounod (dans ses deux symphonies de 1855), montrèrent leur attachement à cette forme mais dans une perspective classique proche de Haydn, Schubert ou Mendelssohn. Après les belles réussites de Saint-Saëns (*Troisième symphonie avec orgue* 1885), de Lalo (*Symphonie en sol mineur*, 1886) et de D'Indy (*Symphonie Cévenole* 1886), Franck se lança dans la composition de sa propre symphonie dans un esprit nettement plus germanique que celui de ses condisciples.

---

91 *Cinquante ans de musique française de 1874 à 1925*, Librairie de France, 1925.

De la symphonie au quatuor | 93

La *Symphonie en ré*, esquissée fin 1887 et achevée en été 1888, porte la dédicace « À mon cher ami Henri Duparc » avec la mention : « Paris, le 22 août 1888 ». Duparc parlera à Chausson de l'œuvre qui lui est dédiée et de sa création à laquelle il ne put assister, étant installé depuis quatre ans à Monein, dans les Pyrénées :

« Merci, mon bien cher ami, d'avoir pensé à me donner des nouvelles qui m'intéressent à un si haut degré : tu sais avec quelle profonde et fidèle passion, j'aime mon admirable Maître ; ta lettre m'a ému jusqu'aux larmes parce que tu dis que l'œuvre est sublime. Le reste m'importe peu : je dirai même qu'un succès au Conservatoire m'eût légèrement troublé – je me refuserai toujours à admettre que ces gens-là aient le droit de comprendre du premier coup les choses que nous aimons ; je dirai même que s'ils comprenaient, il nous faudrait sans hésitation chercher une autre voie ; mais il n'y a pas de danger, et nous pouvons tranquillement écrire comme nous pensons, sans avoir à redouter de succès compromettant.

Mais pourquoi appelles-tu ce chef-d'œuvre *ma* symphonie ? Est-ce parce que je l'ai tant aimée quand Franck l'a jouée cet été ? Comme toi je n'avais pas vu très clair alors dans le premier morceau ; il est vrai que je ne l'aie entendue qu'une seule fois et que ce jour-là, ma tête tournait comme une toupie : je vais la lire avec bonheur[92]... »

L'œuvre de Franck servit de modèle aux symphonies de Chausson, Magnard, Ropartz, d'Indy, Dukas, Maurice Emmanuel, Florent Schmitt, Vierne, Tournemire, et bien d'autres encore.

Dukas y voyait passer « le grand souffle qui a inspiré les plus hautes pages des *Béatitudes* (…). C'est d'ailleurs la même facture ample et fortes, la même expression mélodique, la même richesse et la même originalité harmonique[93] ».

Debussy fut encore plus enthousiaste : « La symphonie du père Franck est ébouriffante. J'aimerais moins de carrure. Mais le chic des idées ! Je la préfère au *Quintette* qui m'a jadis empoigné. Il tient la corde, le père Franck et il dégote l'Institut[94] ! »

On trouve dans la partition un appel à la lumière, à la purification : confession humaine toute brûlante d'une flamme ardente et presque juvénile, celle d'un musicien approchant de son soixante-dixième anniversaire.

La création de la *Symphonie en ré* à la Société des Concerts du Conservatoire, les 17 et 24 janvier 1889, ne laissa pas de bons souvenirs : elle fut houleuse,

---

92 Lettre datée du 20 février 1889.
93 *Les Écrits sur la Musique*, op. cit.
94 *Monsieur Croche et autres écrits*, édition complète de François Lesure, Gallimard, 1971.

affichant clairement quelque hostilité au musicien. Romain Rolland dans ses *Mémoires* le relatera : « Pendant l'exécution, je voyais des auditeurs se boucher les oreilles avec affectation.... »

Si Léo Delibes estima cette musique « dangereuse », Charles Gounod l'aurait décrite (sans que cela soit du reste absolument prouvé) comme « l'affirmation de l'impuissance poussée jusqu'au dogme ». De son côté, Ambroise Thomas en critiqua la complexité du langage musical, indiquant que les nombreux changements de tonalités dès les premières pages contredisaient l'appellation de « symphonie en ré ».

Quant au musicologue et écrivain Louis Laloy (émule de Debussy), il ne fut pas tendre envers Franck : « Ce pieux auteur et ce pauvre homme à l'esprit inculte ne parvint jamais à concevoir une idée de musique ; il ne la soutint que par l'imitation et la transposition et non par la logique du discours harmonique[95]. »

Le jugement des critiques musicaux resta particulièrement glacial et l'on put lire dans une colonne du *Figaro* : « C'est le contraire de la musique ! », et sous la plume de Camille Bellaigue : « Oh ! L'aride et grise musique, dépourvue de grâce, de charme et de sourire[96].... »

Mais que reprochait-on exactement à la *Symphonie* de Franck ?

D'une part d'apparaître comme une caricature du germanisme musical, d'autre part d'offrir une orchestration lourde, mal aérée, procédant en particulier par « paquets de timbres » (révélatrice du métier d'organiste), avec l'emploi de doublures dans les pupitres, de cuivres ponctuant les temps forts. Fauré souligna « la fatigante continuité des basses, véritables pédales d'orgue ». Ravel fustigea les lourdeurs d'orchestration de la partition, y trouvant des « formules d'école surannées, des fautes instrumentales », et même « les contrebasses se traînant gauchement, alourdissant un quatuor déjà terne. Là, des trompettes bruyantes viennent doubler les violons. Au moment que l'inspiration est la plus élevée, l'on est déconcerté par des sonorités foraines[97] ».

L'une des raisons fondamentales de ce désaveu quasiment unanime réside dans le fait que Franck s'éloigne du style orchestral de ses contemporains, tels Saint-Saëns, Lalo, Chabrier ou Delibes. Chez eux, il est aisé de discerner une sonorité brillante, remplie de couleurs, de légèreté, selon la pure tradition berliozienne voulant faire davantage ressortir les timbres individuels des instruments

---

95 Louis Laloy, *La musique retrouvée*, Plon, Le Roseau d'or, 1928 (réédition Desclée de Brouwer, 1974).
96 In *La Revue des Deux Mondes*.
97 *Lettres, écrits, entretiens*, éd. par Arbie Orenstein, Flammarion, 1989.

plutôt que les fondre. Chez Franck, on observe davantage une orchestration d'obédience germanique, dense et massive. C'est à ce titre qu'on a pu parler, à son propos, de « Brahms français » : une assertion à considérer avec prudence et en mesurant tous ses enjeux.

Et pourtant sa symphonie recèle des trouvailles ! Citons, dans l'*Allegretto*, l'alliage des cordes en pizzicati avec la harpe pour accompagner le solo du cor anglais ; à son sujet, Widor évoqua dans son traité de *L'Orchestre moderne* le « délicieux unisson des cors et de la clarinette ».

La noblesse des idées musicales, la forme solide, la sincérité de l'inspiration expliqueront largement le succès postérieur de la symphonie, sa longévité au sein du répertoire de tous les grands orchestres et ses très nombreux enregistrements.

La *Symphonie en ré*, s'ouvrant par un *Lento*, expose un beau et grave motif musical, générateur du thème cyclique (*EX. musical 7 A*) : ce motif rappelle étrangement celui du début du poème symphonique *Les Préludes* de Liszt (1853). Il offre de surcroît quelques similitudes avec le *Thème du Destin* de *La Tétralogie* de Wagner et même avec un élément thématique du *Poème de l'Extase* de Scriabine.

Le motif franckiste montre également une adéquation significative avec le thème du *Quatuor op. 135* de Beethoven, lequel s'accompagne de cette phrase énigmatique : « Muss es sein ? » (Cela doit-il être ?)[98].

Est-ce donc une allusion métaphysique à un problème existentiel que veut ici exprimer Franck ?

L'*Allegro non troppo* reprend, en l'amplifiant et en le dynamisant, le thème du tout début (*EX. musical 7 B*) ; plus encore, c'est dans le troisième mouvement de l'œuvre (*Allegro non troppo*) que ce motif, associé aux autres, nous conduira par un crescendo dynamique vers la grande apothéose finale.

Comme pour compenser la frilosité du public, de certains musiciens et de la critique par rapport à la *Symphonie en ré*, une nouvelle audition du *Quintette* en février 1889 fut triomphale ; Camille Benoît, dans le *Guide musical*, le relata ainsi : « J'aurais voulu voir là quelques récalcitrants du Conservatoire. Est-ce que la justice commencerait pour Franck de son vivant ? »

La *Symphonie* fut exécutée à Liège pour la première fois en novembre 1890, très peu de temps après la mort du compositeur. Elle fut bien reçue par le public et la critique :

> C'est une œuvre forte qui révèle la main d'un maître en possession de toutes les ressources de l'art et qui manie les voix orchestrales comme un virtuose manie

---

98 Motif déjà présent dans la *Grande Pièce symphonique* pour orgue.

les touches du clavier (...). C'est une science fertilisante (...). Cette symphonie peut compter parmi les pages musicales les plus éloquentes et les plus chaudement colorées de notre époque et nous osons affirmer que si Berlioz est le Wagner français, César Franck peut être considéré comme le Wagner belge[99]...

Notre musicien paraît maintenant être bien accaparé par l'élaboration de ses œuvres ultimes : l'été 1889, passé dans le havre de paix de Combs-la-ville-Quincy, fut de nouveau intensément créatif comme en témoigne cet extrait de lettre : « J'ai bien du travail encore pour la fin de mes vacances ; d'abord le dernier acte de *Ghiselle*, l'arrangement pour piano et chant de ma *Psyché* qui doit paraître cet hiver ; plus un quatuor à cordes que j'ai résolument promis[100]. »

Cette promesse fut faite à Ysaÿe, lequel venait tout juste de fonder un quatuor avec trois autres collègues. Franck se plongea dans la composition de cette œuvre pour quatre instruments à cordes durant plusieurs mois en automne, la terminant en janvier 1890. Ses intimes disaient que des partitions de quatuors de Beethoven, Schubert et Brahms se trouvaient sur son piano. Il livrait ainsi l'aboutissement de ses recherches en matière de la forme, du langage et du timbre, déclarant à ses disciples (selon ce que rapporta Pierre de Bréville) : « Cette fois j'ai encore été timide, mais désormais j'oserais davantage. »

La création du *Quatuor* Salle Pleyel en avril de la même année, obtint le plus grand succès que Franck ait connu en tant que compositeur, à tel point qu'il s'exclama avec une immense joie : « Allons, allons, voilà le public qui commence à me comprendre ! ». On rapporte que Chabrier, en entendant l'œuvre, s'écria : « Voilà la musique que j'aurais voulu faire ! ».

La critique fut positive et pour une fois unanime : « Ce grand artiste peut tout, il a le don de l'invention, la grandeur de l'idée, la science de tous les procédés[101]... »

Arthur Coquard relata avec précision le déroulement de cette création :

> Bientôt ce fut l'enthousiasme et un vrai délire, au point qu'à la fin les quatre ou cinq cents personnes qui remplissaient la petite salle, non contentes d'applaudir, trépignaient, acclamaient l'auteur qui dut monter sur l'estrade. Le moins étonné ne fut certes pas César Franck lui-même, qui n'en revenait pas d'un succès pareil, à propos d'un quatuor[102].

---

99 Édouard Van den Boorn, *La Meuse*, 2 décembre 1890.
100 Lettre du 30 août à Gilbert-Augustin Thierry, auteur du livret de l'opéra *Ghiselle*.
101 Edmond Bailly, La *Musique populaire*, 5 avril 1890.
102 *Le Ménestrel*, 1890.

Il faut savoir que le quatuor à cordes constituait l'un des fleurons de la musique de chambre de l'époque : déjà Édouard Lalo avait signé en 1856 un *Quatuor en mi bémol majeur*, et d'autres suivirent, dont ceux de Marie Jaëll (1875), une élève de Franck, de Sylvio Lazzari (1888), de Guillaume Lekeu (1888), le *Premier Quatuor* de Vincent d'Indy (1890), enfin ceux des jeunes Claude Debussy (1893) et Louis Vierne (1894).

Quatre mouvements composent le *Quatuor* de Franck, partition ample et audacieuse de construction, même presque réalisée dans un esprit orchestral. On y voit le résultat d'une longue et patiente incubation de la pensée musicale, le fruit d'une lente gestation et de retouches (on trouve trois versions de l'exposition de premier mouvement).

Comme la *Symphonie*, le *Quatuor* débute par une introduction *Poco lento*, où le thème cyclique est exposé. Comment ne pas être saisi par la beauté lumineuse et l'expressivité toute intériorisée de ce véritable *lied* (sorte de « prière » pour d'Indy), chanté par le premier violon puis repris par le violoncelle ?

Suivra un *Allegro* exposant trois thèmes : Franck y réussit le tour de force de combiner la forme-lied avec la forme-sonate, d'une manière habile et concise.

Le second mouvement (*Scherzo*), tout bondissant avec des traits et des notes répétées, semble évoquer pour d'Indy quelque « ronde de sylphes dans un paysage lunaire ». Comment ne pas songer, dès lors, à la féérie du *Scherzo de la reine Mab* (*Roméo et Juliette* de Berlioz) ou encore à certains traits du *Songe d'une nuit d'été* de Mendelssohn ?

Le *larghetto*, avec un premier thème lyrique et un second davantage passionné, se pare d'un magnifique et intense jeu de couleurs claires ou sombres, suivant les tonalités majeures ou mineures employées. L'intensité de cette page, sa profondeur et sa gravité sont tout à fait sublimes.

Quant au final *Allegro molto*, il rassemble dans son introduction des éléments thématiques du *Larghetto* et du *Scherzo*. La présence efficace du thème générateur (le « lied ») permet au développement d'exploiter au mieux et de diversifier la matière sonore.

Par son *Quatuor*, exigeant et complexe, Franck livre le dernier chef-d'œuvre de sa musique de chambre et l'une de ses œuvres les plus accomplies. Peu à peu se dessine l'ultime geste créatif, celui des *Trois Chorals*.

Les Trois Chorals

En automne 1888, c'est avec une certaine hâte que notre compositeur entreprit un nouvel opéra, appelé *Ghiselle* et resté inachevée. En effet, seul le *Premier acte* sera orchestré, les quatre autres le furent par des disciples de Franck après sa mort (le *Deuxième* par de Bréville, le *Troisième* par Samuel Rousseau, le *Quatrième* par Coquard, le *Cinquième* par d'Indy et Chausson).

Dans la partition, *Ghiselle* porte le titre de « drame lyrique » sur un livret de Gilbert Augustin-Thierry, romancier et poète. L'action se passe à Paris à la fin du VIème siècle dans la Gaule franque, sous le règne de Frédégonde et de Clotaire II, l'héroïne étant une princesse austrasienne. Histoire et fiction se superposent : Frédégonde aurait fondé son pouvoir en assassinant ceux qui la ressusciteraient !

Se détache de cette œuvre, en particulier le beau *Prélude* du *Deuxième acte*, évoquant dans la tonalité lumineuse de fa dièse majeur une clairière à l'orée d'une forêt. Une courte phrase interrogative des cordes, comme dans le début de la *Symphonie en ré*, devient l'élément thématique – presque obsessionnel – de cette page à l'atmosphère tendue et très chromatique. (*EX. musical 8*).

Au début de l'année 1890, Franck se mit en retrait, fatigué par sa lourde charge de travail et ses projets créatifs qu'il souhaitait d'urgence - peut-être préssentant sa mort- mener à leur terme.

Pendant ce temps, les succès continuaient : le 21 février, salle Erard, le pianiste Paul Braud organisa un concert des œuvres du maitre, dont le *Quintette*, la *Sonate* (jouée avec Ysaÿe) et quatre des *Six Duos pour voix égales*. À Tournai le 27 avril, on donna le *Quintette*, la *Sonate* (toujours avec le concours d'Ysaÿe) ; Franck y dirigea *Ruth* et *L'Hymne de Jean Racine* en première audition.

Cependant, sa santé s'altéra sérieusement : il dut annuler sa participation au dîner annuel de la Société Nationale le 17 mai, alors qu'une surprise l'attendait à cette soirée avec la seconde audition du *Quatuor*.

Très peu de temps après, il fut victime d'un accident en se rendant à une répétition chez Paul Braud, du côté de Port-Royal. Le fiacre qui le conduisait percuta un omnibus et le timon heurta violemment le côté droit du musicien. Bien que souffrant, il parvint néanmoins à assurer sa répétition mais très vite son état s'aggrava ; deux jours plus tard, il ne put assurer ses cours au Conservatoire, le faisant savoir au secrétaire : « Je suis malade. Je ne puis faire ma classe aujourd'hui, ni venir au concours de fugue demain. »

Un courrier de Félicité Franck, daté du 12 juillet et adressé à Coquard, se voulut quelque peu rassurant :

Merci, mon cher monsieur, de votre amitié pour mon mari ; grâce à Dieu, il va mieux et se remet tout doucement de cette secousse.

Il a pu, quoique péniblement, assister à son concours hier au Conservatoire et fera demain son office à l'église. Vous savez combien il est courageux, mais cette fois le mal a dominé sa volonté[103].

Ce que corrobora Pierre de Bréville : « Très malade déjà il avait voulu y assister. Je l'y ai conduit en voiture. »

Bien que très affaibli, Franck pensait à ses travaux en cours comme l'achèvement de l'orchestration de *Ghiselle*, prévoyait aussi une nouvelle partition dont il gardait pour l'instant le secret : les *Trois Chorals* pour orgue. Il réfléchissait également à la composition d'une sonate pour violoncelle et piano et à honorer la commande de l'éditeur Enoch d'un recueil de pièces pour harmonium, appelé *L'Organiste*.

En début d'été, il sembla retrouver un regain d'énergie susceptible de lui permettre de mener à bien quelques-uns de ses projets artistiques. En août, il trouva tranquillité et dévouement auprès de sa cousine Claire Brissaud, (qu'il avait surnommée, en 1842 « la plus charmante de mes cousines ») et dont Félix Boutet de Monvel nous fait l'éloge : « Quant à la tante Claire Brissaud, c'était un épanouissement de bonté, de gaieté et d'esprit. Quelle figure rayonnante d'esprit et d'intelligence elle avait et combien particulière[104] ! » Elle habitait une villa à Nemours (Seine-et-Marne), belle maison au toit rouge appelée « villa Poyé », située près du canal du Loing et donnant sur un grand jardin. Au rez-de-chaussée un piano à queue trônait, avec aux murs de nombreux portraits de famille.

Cette convalescence, dans ce lieu paisible, fut pour Franck des plus salutaires et des plus studieuses, comme il l'écrivit à ses élèves : « J'ai toute liberté pour travailler et j'en profite car je vais beaucoup mieux et je travaille activement… »

Également cette confidence faite à Julien Tiersot : « Je vais beaucoup mieux : presque bien, maintenant (…). J'ai composé une grande pièce d'orgue que j'intitule *choral*. C'est un choral mais avec beaucoup de fantaisie… »

Il réalisa une cinquantaine de pièces pour harmonium, soit « la moitié du volume promis », selon ses mots. Certaines de ces pièces, bien que courtes, montrent la grandeur de l'inspiration et l'extrême concision du geste musical, toujours mis au service de l'émotion (*Prière* en mi, *Offertoire* en ut par exemples).

---

103 In Norbert Dufourcq, *Autour de Coquard, César Franck et Vincent d'Indy*, op. cit.
104 In *Souvenirs de famille* (voir aussi in Annexes).

Le 7 août, le *Choral n° 1* fut achevé. Suivront les deux autres, respectivement terminés le 14 septembre pour le deuxième, le 30 septembre pour le troisième. Franck aurait confié à ses disciples, quelques temps auparavant : « Avant de mourir, j'écrirai des chorals d'orgue ainsi qu'a fait Bach, mais sur un autre plan ».

Comme Brahms (*Onze Préludes de Chorals*, 1896, écrits peu de temps avant sa mort), la dernière œuvre de Franck sera donc un retour vers l'art de Bach, mais d'une manière plus personnelle et relativement moins dans l'esprit du choral allemand, souvent perçu comme la clé de voûte de l'édifice polyphonique. Les *Trois Chorals* restent un « Testament spirituel », une « suprême expansion lyrique » (selon les opinions respectives de Vincent d'Indy et de Maurice Emmanuel). Ce dernier les rattachait directement au *Quintette* : « On retrouve, sur un autre plan, réalisés par d'autres moyens, la même inquiétude passionnée[105]. »

Charles Tournemire y sentait une « débordante paraphrase de l'amour divin », et pour Camille Mauclair : « Cette musique naît du sol humain comme un lys qui va s'ouvrir dans l'éther, et elle monte, elle monte, sourire immense, extasié, indéfini[106]. »

Les disciples furent conquis par la forme non conventionnelle donnée par Franck à chacun des *Trois Chorals* ; d'Indy souligna le trait d'union, opéré par son maître, entre le choral de Bach et la grande variation amplificatrice de Beethoven. En effet, Franck ne se contentait pas de reproduire le thème de choral avec des ornementations différentes à la manière de Bach, il transformait son ossature en exploitant et en amplifiant tout ce qui se prêtait à des épisodes lyriques et à des conflits dramatiques. C'est dans le sens d'une véritable *dramaturgie* que les franckistes considéraient les *Trois chorals* comme des véritables poèmes.

Le *Choral n° 1 en mi majeur* s'apparente, par bien des points, à la *Prière* des *Six Pièces* : même tonalité et même élévation de pensée. C'est une sorte de rhapsodie magistralement ordonnée, qui tend à glorifier graduellement le thème du choral sous-jacent, ceci dès le tout début de l'œuvre. Franck fit cette confidence à d'Indy : « Vous verrez, le choral n'est pas celui qu'on croit. Le vrai choral, il se fait au cours même de l'œuvre. »

Dans le *Choral n° 2 en si mineur*, un ton passionné domine. Les trois volets enchaînés s'appuient sur un motif de passacaille (ou thème obstiné) plutôt sombre de caractère, se déployant en quatre sections de quatre mesures chacune, avant que soit exposé le thème de choral. La seconde partie de la pièce – orageuse et virtuose, remplie d'un souffle lisztien –, présente une fugue où le thème du choral

---

105 In *César Franck*, op. cit.
106 In *La Religion de la musique*, op. cit.

se superpose à celui de la passacaille, dans une véritable apothéose. La conclusion, sur le jeu de voix humaine, apporte une paix salvatrice : après les remous de la passion, Franck retrouve sereinement le chemin du ciel.

Le *Choral n° 3 en la mineur* prend la forme d'une véritable *sonate quasi una fantasia*, à la manière de Beethoven ou de Liszt : deux allegros encadrant un adagio. La première partie *Quasi Allegro*, s'offre en une toccata brillante et dramatique, reposant sur deux motifs contrastés : le premier en arpèges brisés, rappelant le début du flamboyant *Prélude en la mineur* BWV 551 de Bach, le second déroulant un calme choral.

La deuxième partie *adagio,* considérée à juste titre comme l'un des plus purs moments d'élévation franckienne, progresse au fil de tensions harmoniques vers un épilogue complexe – mêlant rappels et superpositions de thèmes – et conduisant à une lumineuse et victorieuse coda.

Symboliquement, ce combat entre les forces de la matière et de l'esprit, s'achève par le triomphe des forces supérieures couronnées d'un accord rayonnant en la majeur.

Avec ce dernier choral, Franck conclut son périple musical par un « émouvant et vigoureux amen », pour reprendre le mot de Pierre de Bréville. Il aurait pu signer, comme Jean-Sébastien Bach à la fin de ses manuscrits : *Soli Deo Gloria*.

Vers la lumière

Le 2 octobre 1890, chez lui, au piano, Franck joua ses *Chorals* aux quelques disciples présents, en particulier Guillaume Lekeu, Louis Vierne et Charles Tournemire. Il parut très fatigué, mais faisant fi des recommandations expresses de sa famille et du docteur, il tint à reprendre quelques activités. Ainsi le 4 octobre, il assura son cours habituel au Conservatoire. Quelques jours après (le 9), il tomba malade, après avoir pris froid. Le 18 octobre, il donnait son dernier cours où, selon les témoignages de ses élèves, il apparut pâle et il toussait.

A-t-il eu réellement la force de « se traîner à son orgue de Sainte-Clotilde, deux jours après, afin de combiner et d'écrire les registrations des trois admirables chorals », comme le prétend d'Indy ? Très vite son état inquiéta, avec l'apparition d'une pleurésie aggravée par une péricardite. D'après Julien Tiersot, « il ne sembla pas souffrir, et s'il se rendit compte lui-même de la gravité de son état, du moins il n'en laissa rien paraître[107] ».

---

107 Julien Tiersot, *Le Ménestrel*, 16 novembre 1890.

Cependant, il dut s'aliter début novembre. Après quelques jours agités, le vendredi 7, il sembla se sentir mieux. Entouré des siens, il cherchait à les rassurer selon le témoignage de Julien Tiersot : « "C'est bien, c'est bien" murmurait-il avec cette confiance naïve de l'homme qui vécut dans une perpétuelle illusion, ne vit jamais le mal et considéra toujours la vie par son bon côté, bien qu'il n'en eût guère été payé en retour. Puis il entra en agonie ; elle dura toute la nuit et fut pénible. Le lendemain samedi, à 5 heures du matin, il expira[108]. »

Georges Franck annonça la nouvelle à Arthur Coquard : « Après une journée de calme qui n'a cependant pas été bonne, mon pauvre cher père nous a quittés ce matin à 5 heures. Vous êtes le premier à qui j'écris. Toute ma reconnaissance et ma sincère affection, j'ajoute mon absolue confiance[109]. »

Suite au décès de « ce pauvre et cher cousin », Cécile Boutet de Monvel écrira à son frère Félix le 11 novembre :

> Il a dû se sentir mourir mais ne l'a pas laissé voir et s'est contenté de dire à deux ou trois reprises : « Mes pauvres enfants, mes pauvres enfants » (...). Jusqu'à la dernière minute, il a gardé la volonté de tout accepter, de tout faire pour se guérir ; il se sentait si indispensable.

De même, toujours à l'attention de Félix, Marthe Guyot Sionnest Monvel donnera dans une lettre quelques précieuses précisions sur les derniers moments de Franck :

> J'ai bien senti que la mort du pauvre cousin serait pour toi, comme pour nous tous, un gros chagrin. Nous ne savons pas jusqu'à quel point il s'est rendu compte de son état mais jusqu'au bout il a été admirable de sérénité et de résignation, répétant sans cesse dans son agonie avec ce ton résolu que nous lui connaissions : « C'est bien ! C'est très bien ! » (...). Tu vois que le pauvre cousin est mort comme il avait vécu : vaillamment, sans une plainte, sans une révolte...

La presse rendit hommage au musicien, avec parfois un rien de cette emphase habituelle en de tels moments : « Son professorat fut un apostolat. Il n'enseignait pas, il évangélisait... » (*L'Art musical*, 15 novembre).

Le Gaulois (9 novembre) idéalisa encore davantage l'image du musicien, « cachant sa vie, montrant ses œuvres ». La nécrologie de Julien Tiersot (*Le Ménestrel* du 16 novembre 1890) révèle davantage un portrait de Franck, à la fois sobre

---

108 In *Le Ménestrel*, 16 novembre 1890.
109 In *Norbert Dufourcq, Autour de Coquard, César Franck et Vincent d'Indy*, op. cit.

et plus fidèle : « Lorsque, dans la journée du samedi 8 novembre dernier, le bruit se répandit que César Franck était mort, il n'y eut pas, à dire vrai, dans le public, une émotion très apparente : le boulevard n'en sembla pas occupé ; ce ne fut pas un évènement parisien. Mais dans l'élite de ceux en qui vit résolument le culte du grand art, la douleur fut profonde, car tous pensèrent qu'à ce jour avait disparu l'un de ses plus glorieux représentants (...). Mais il est ce ceux qui ne disparaissent pas tout entier, et pour lesquels on peut dire que la mort ouvre une nouvelle période de vie, plus glorieuse, et sans limites. »

Quelques journaux annoncèrent, un peu précipitamment, que les officiels (en particulier du Conservatoire) ne seraient pas présents pour les obsèques, nouvelle relayée par la famille et les élèves de Franck. Ainsi Vierne relata dans son *Journal* :

> Quelque démenti qui ait été apporté depuis par des gens intéressés et dont le témoignage est une imposture, ni le Conservatoire, ni les Beaux-arts, ni le Ministère ne furent représentés officiellement à cette cérémonie (...). En revanche les assistants pleuraient à grands sanglots !!!

En fait, le Conservatoire fut sporadiquement représenté en la personne de Léo Delibes (excusant Ambroise Thomas, souffrant), accompagné de plusieurs autres professeurs, dans une affluence considérable formée d'anonymes, d'amis et d'admirateurs. On remarqua certaines personnalités musicales présentes comme Guilmant, Saint-Saëns, Widor, Lalo, Fauré et la plupart des élèves de Franck (excepté d'Indy, retenu à Valence pour un concert).

L'intérieur de la Basilique Sainte-Clotilde, tendue de noir, impressionnait : la musique résonna, notamment avec la *Marche funèbre* tirée d'*Irlande* d'Augusta Holmes, deux extraits de *Rédemption, le Panis angelicus*, et le *Cantabile* de Franck joué par Gigout.

Écoutons Tournemire : « Une tempête ajouta à la tristesse de cette inoubliable journée du 10 novembre 1890. Les éléments déchaînés semblèrent se mêler à l'angoisse de nos cœurs et reprocher aux hommes leur injustice à l'égard d'un des plus diaphanes génies qui aient été[110]. »

Au cimetière de Montrouge, Chabrier rendit au musicien qu'il admirait un vibrant et solennel hommage :

> Il était encore là, le cher maître regretté, le plus modeste, le plus doux et le plus sage. Il était le modèle, il était l'exemple (...). Adieu, maître, et merci car vous

110 *César Franck*, op. cit.

avez bien fait. C'est l'un des plus grands artistes de ce siècle que nous saluons en vous (...). C'est aussi l'homme juste et droit, si humain et si désintéressé, qui ne donna jamais que le sûr conseil et la bonne parole. Adieu.

Nombre de disciples de Franck ne cachèrent pas leur douleur et leur désarroi, tel Vierne : « (...) Et voilà que, brusquement, il n'était plus qu'une ombre, qu'un souvenir. J'avais l'horrible sentiment d'avoir une seconde fois perdu mon père ». Duparc, dans sa retraite de Monein, fut terriblement ébranlé :

> Aucun n'a compris comme vous que je venais d'être frappé au cœur. Aucun ne savait en effet, comme vous, que j'aimais mon maître comme le membre le plus cher de ma propre famille (...). Il a emporté avec lui la moitié de ma vie, et la meilleure. Je me souviendrai de sa sublime énergie, et j'essaierai de me dominer comme il l'aurait fait. Il me semble que sa pensée me le demande et que mon âme m'y encourage[111].

Assurément, le « père Franck » n'aurait certainement pas aimé que l'on s'apitoyât sur son départ. La vie de chacun devait poursuivre son cheminement, et le flambeau qu'il avait su si bien allumer dans le cœur de ses disciples pouvait continuer de brûler longtemps. Lui qui lutta jusqu'au bout de ses forces en accomplissant son travail avec conscience, lui ce grand humaniste, aurait pu murmurer à l'oreille de ceux qu'il aimait et savait animés d'une même foi, ces mots de Verlaine :

> Va ton chemin sans plus t'inquiéter ! (...)
> Surtout il faut garder toute espérance
> Qu'importe un peu de nuit et de souffrance ![112]

---

111 Extrait d'une lettre à Paul Poujaud, vers le 15 novembre 1890.
112 Extrait du poème XXI du recueil *Sagesse*, 1880.

6 | Franck, chef d'école malgré lui

« Là où pensée et langage concordent, l'idéal survivra… » (Maurice Emmanuel)

Les Lauriers de César

Romain Rolland en 1908, résuma parfaitement l'origine de l'école Franckiste : « Franck se trouva être chef d'école sans l'avoir voulu[113] ».

Cette affirmation trouve tout son sens dans les fondements mêmes de l'art du musicien, à la fois par son action pédagogique, par sa place inestimable dans la Société Nationale de Musique et par l'empreinte de son œuvre sur toute une nouvelle génération. Il ne chercha pas pour autant à imposer son aval, à régner sur ce cénacle qu'il avait vu naître et grandir, à recueillir les lauriers de la gloire. Par ses disciples, il fut mis bien en avant comme le chantre de ce qu'on appela « la nouvelle musique française ». Un article de *Conferencia* (16 août 1922) affirmait « que la critique a salué ses œuvres comme l'évangile nouveau de la musique ».

---

113 In *Musiciens d'aujourd'hui*, Hachette, 1908.

Loin de lui l'idée de succomber à l'apanage d'un quelconque pouvoir, bien qu'il semblât ne pas totalement être si insensible au succès et à la réussite. Le « père Franck » apparaissait bien davantage dans un rôle *d'éveilleur*, de guide, de réceptacle capable de recevoir et de drainer les énergies créatrices de personnalités aussi contrastées que celles de Duparc, Chausson, d'Indy, Lekeu.

Considéré parfois, et semble-t-il avec raison, comme une figure tutélaire du post-romantisme, Franck ne peut toutefois se concevoir en tant que novateur à part entière, selon le point de vue d'Alfred Ernst : « Il n'a point inauguré de phase décisive dans l'art, institué de formes actives destinées à renouveler les conceptions d'une époque, il n'en a pas moins atteint les sommets les plus élevés.[114] »

Par son « élévation constante à la musique » (Debussy), Franck devenait le chantre d'une musique « sérieuse » face aux séductions plus mondaines de son temps. Son idéal artistique paraissait être aux antipodes du mercantilisme qui pouvait régner sur le monde de l'opéra et de l'opéra-comique. Ce qui expliquera, en partie le désaveu de quelques- uns de ses pairs.

L'habit de chef d'école dont on a affublé Franck presque à son insu, ne correspondait pas fondamentalement à ses préoccupations car, selon Jean-Pierre Calmont, « il se fût satisfait d'une carrière médiocre, ce sont les jeunes franckistes qui en ont fait un mythe, une entreprise de *restauration nationale* et *d'ordre moral*[115] ».

Loin de nous l'idée d'en faire, une fois de plus, un être « éthéré » ou simplement victime de son entourage : il portait des ambitions élevées, le plus souvent indiscutables, sachant trancher si nécessaire. Déjà, on le respectait, parfois on l'adulait dans son cénacle : beaucoup de ses disciples disaient recevoir un « supplément d'âme », pour reprendre cette belle formule de Bergson.

Finalement, dans son art comme dans sa vie seule, seule l'intuition pouvait le guider : « Il savait, sans même le chercher, trouver le cœur de ses disciples et se l'attacher à jamais (...). Tout dans l'enseignement de Franck procédait d'un sentiment plus puissant que toutes les règles : l'Amour[116]. » Et d'Indy saura en tirer profit, y trouvant le ferment de sa future école, la Schola Cantorum dont nous parlerons peu après.

On a souvent perçu les œuvres du musicien dès 1870, comme étant décisives pour l'avenir de la musique française : elles ouvraient de nouveaux horizons après une période que Romain Rolland n'hésitait pas à dépeindre comme celle d'un

---

114 In « César Franck », *La Grande Encyclopédie*, tome XVII, 1896.
115 « L'hagiographie du Pater Séraphicus », Préface au *César Franck* de d'Indy, Michel de Maule, 1987.
116 Vincent d'Indy, *César Franck*, op. cit.

« incroyable affaiblissement du sentiment musical ». Certes, l'art musical n'avait pas toujours la suprématie dans notre pays, en particulier auprès de nombre d'intellectuels ou de littérateurs. Ainsi le *Journal des Goncourt* montre combien perdure le mépris quasi-universel des hommes de littérature pour la musique. Prenons Dumas père : il semblait détester toute musique, « même la mauvaise » ironisera Berlioz.

Si Jean-Jacques Rousseau avait jadis prédit que « les Français n'ont point de musique et n'en auront jamais », le réveil qu'elle connut dès 1870 aurait suffi à démentir les propos du philosophe !

Tant bien que mal, il fallut réagir face à ce qu'Emile Vuillermoz nommait « l'italomanie musicale », s'essaimant dans les opéras de Meyerbeer, Halévy, Auber et Thomas.

Il faut dire qu'entre la monarchie de juillet et la chute du Second Empire (1848-1878), l'opéra et l'opérette occupaient une partie centrale dans la vie artistique avec, en particulier, le triomphe de Jacques Offenbach, surnommé par Rossini « le Mozart des Champs-Élysées ». Déjà en 1840, Wagner n'avait-il pas dit de quelques compositeurs rencontrés à Paris : « Ils ont tous des racines dans l'opéra-comique » ?

Après la défaite de Sedan, on incrimina l'opérette : « C'est au son de cette musique que nous avons dansé pendant dix-huit ans ! » s'indigna Zola, pointant du doigt la groupe des Carpeaux commandés par Napoléon III, dont l'érotisme sur la façade de l'Opéra avaient si bien su scandaliser les bourgeois. Bref, il fallait rapidement autant réformer les mœurs, qu'élever l'art, en particulier celui musical. Cela resta l'une des tâches de la S.N.M. et l'un des chevaux de bataille des franckistes.

Charles Gounod (1818-1893), avec ce sens inné de la « mélodicité » française le caractérisant, a su trouver des lignes conductrices équilibrées, une élégance et une séduction naturelle offrant à l'opéra une nouvelle parure (*Sapho, Mireille, Roméo et Juliette, Faust*). Il favorisa l'essor de la mélodie française présente dans les salons, et consacra de grandes pages à la musique sacrée (*Les Sept Paroles du Christ, La Rédemption, Mors et vita, Requiem*).

Si chez Léo Delibes (1836-1891) ce sont l'élégance et l'originalité qui caractérisent son écriture, les trouvailles harmoniques, mélodistiques et orchestrales bien françaises d'Emmanuel Chabrier (1841-1894) ne l'empêcheront pas de goûter, un instant, aux effluves wagnériens dans son opéra *Gwendoline* 1885.

Mais ne fallait-il pas réagir énergiquement au wagnérisme bien présent, afin de retrouver un peu de souveraineté ? Camille Saint-Saëns (1835-1921), patriote jusqu'au chauvinisme, intransigeant par son *gallicanisme* plus que chevronné, saura judicieusement synthétiser la caractéristique de l'art français dans son aspect le plus séduisant et le plus pur : netteté des idées musicales, clarté de la forme, langage clair hérité du classicisme. Sa polyphonie dans ses concertos, ses symphonies et sa musique de chambre reste élégante, attrayante, sa virtuosité infaillible. Pianiste virtuose, enfant prodigue, il représentait pour Clara Schumann, admirative du *Second concerto* pour piano, « un écuyer de haute école, un danseur de cordes ». C'est peut dire !

Saint-Saëns, bien qu'imprégné de culture allemande, fut plus soucieux que Franck de retrouver et de cultiver « l'esprit français », bien avant l'essor de Debussy et des musiciens formant le Groupe des Six.

Si l'action musicale de César Franck – en partie par ses origines et ses aspirations artistiques – apparaissait être d'une autre nature, son influence en tant que compositeur s'imposa peu à peu comme évidente, au moins dans deux domaines :

- Celui de la musique de chambre (beaucoup plus que celui de la musique d'orchestre). Dukas le confirmera énergiquement, ce qu'on lui reprochera par la suite : « Toute l'éclosion de la musique purement musicale qui l'a suivi jusqu'à présent prend en lui son origine[117]. »
- Celui de la musique d'orgue où, tout en parvenant à redonner à son instrument la noblesse et l'identité spirituelle en grande partie perdues sous les fastes du Second Empire, il lui permettait d'être en accord stylistique avec l'époque et les possibilités offertes par les innovations décisives d'Aristide Cavaillé-Coll. Il ouvrait ainsi grande la porte à l'orgue symphonique, magnifiquement illustré à sa suite par Charles-Marie Widor, Alexandre Guilmant, Louis Vierne. Le style organistique de Franck est unique et on ne peut le comparer à aucun autre. Certains commentateurs ont parfois affirmé que Franck ne pensait pas simplement en organiste mais d'abord en pur musicien : cela est fondé car il parait difficile de dissocier son œuvre pour orgue de l'ensemble de sa production, tellement les interpénétrations entre l'orchestre, le piano et l'orgue se ressentent. Mais l'idée d'un Franck compositeur pour orgue, de surcroit de musique religieuse peut perdurer et cette réflexion de Georges Franck corrobore notre propos : « La conception d'un César Franck à l'orgue très intéressante au point de vue esthétique, a peut-être le défaut de mettre dans l'esprit des foules cette idée fausse que

---

117 In *Écrits sur la Musique*, 1948.

César Franck devait être classé parmi les organistes. Certes ! Organiste merveilleux, mais autre chose aussi, merveilleux toujours[118]. »

Un mot sur les transcriptions et orchestrations dont certaines de ses œuvres font régulièrement l'objet : quelques pages pour orgue ont été à plusieurs reprises adaptées pour le piano (citons les *Trois Chorals et la Grande Pièce symphonique* par Blanche Selva en 1910, les réalisations diverses d'Harold Bauer, d'Henri Duparc pour deux pianos à quatre mains), et plus rarement les pages pianistiques pour l'orgue (à l'exception de *Prélude, choral et fugue*). Si certaines œuvres pour orgue ont été orchestrées par le passé (comme en 1910 la *Pastorale* par H. Mouton ou le *Choral n°1* par Dupré), aujourd'hui d'autres réalisations d'envergure ont vu le jour : celles pour orgue et orchestre du *Choral n°2* par Benoît Mernier et de la *Grande Pièce symphonique* par Georges Guillard. Dans un processus inverse, de l'orchestre à l'orgue, on peut noter, pour l'*Interlude* de *Rédemption*, les réalisations de Marcel Dupré et de Louis Robillard ; pour la *Symphonie en ré* plusieurs adaptations, dont celles d'Heinrich Walther et de Daniel Roth.

L'hypnose wagnérienne

Bien des compositeurs peinèrent à s'affranchir de ce que Dukas nomma avec perspicacité le « servilisme humiliant » de l'hypnose wagnérienne. Effectivement, on a pu voir cette « irruption monstrueuse de Wagner dans l'art musical » décrite par bien des commentateurs de l'époque, comme perturbante et problématique tant pour le cœur que la raison. Il semblait difficile de rompre avec celui que Debussy appelait « le vieux magicien » et Baudelaire fut l'un de ceux qui s'ombrèrent le plus dans un état proche de l'envoûtement lors des représentations parisiennes de *Tannhäuser*, en 1861 : « J'avais subi (du moins cela m'apparaissait ainsi) une opération spirituelle, une révélation. Ma volupté avait été si forte et si terrible que je ne pouvais m'empêcher d'y vouloir retourner sans cesse. »

Ce « mal » wagnérien atteignit non seulement les musiciens, mais aussi les peintres, écrivains et poètes. Fondée en 1885, *La Revue Wagnérienne* réunira Mallarmé, Huysmans, Richepin, Verlaine et bien d'autres personnalités célèbres du moment. Le désir de Wagner de réaliser la perspective d'un *art total* fut un formidable catalyseur d'énergies créatrices, avant de s'amoindrir peu à peu en France, puis de disparaître. Saint-Saëns, bien que sensible à l'art wagnérien, sut toujours prendre

---

118 In *Lettre à d'Indy*, 25 août 1900.

quelques distances avec cette suprématie ambiante : « Je n'ai jamais été, je ne suis pas, je ne serai jamais de la religion wagnérienne[119]. »

À son ami Duparc partageant des sentiments analogues, Chausson fera cette confidence : « Wagner me hante maintenant terriblement. Je le fuis tant que je peux, mais j'ai beau fuir, il est toujours là, près de moi, me guettant très méchamment et me faisant écrire des tas de choses que j'efface. »

Et Franck dans tout cela ? Il semblait beaucoup moins troublé que ses élèves par les philtres wagnériens, tout en étant sensible à un art qu'il connaissait et appréciait, mais toutefois avec discernement. Si l'aspect idéologique, dramatique et philosophique de Wagner pouvait apparaître, du moins en apparence, relativement éloigné de ses préoccupations (bien qu'a contrario, *Hulda* s'apparente quelque peu à un drame wagnérien par le sujet légendaire et sa réalisation, comme nous l'avons vu), sa musique retenait pleinement son attention.

Assistant au premier acte de *Tristan* aux Concerts Lamoureux en 1885, il qualifiera l'œuvre de « fiévreuse ». Mais il ne put ou ne voulut finalement pas se rendre à Bayreuth (comme il paraissait le souhaiter, en particulier en 1876 pour la création des quatre opéras composant *Der Ring des Nibelungen*), contrairement à nombre de ses émules, d'Indy en tête.

La musique de Franck, avec ses résonances wagnériennes bien présentes (en particulier dans *Les Éolides*, *Les Djinns*, *Les Béatitudes*, *Hulda*, *Ghiselle*, *Psyché*) influencera les œuvres les plus marquantes de certains de ses disciples : Chausson (*Le Roi Arthus*), D'Indy (*Fervaal*), Lekeu (*Andromède*, poème lyrique et symphonique) etc.

On verra son action esthétique devenir comme une sorte de rempart, de bouclier, face aux « déferlements » wagnériens de quelques-uns de ses contemporains : « Franck apparut, après l'ouragan, le bon pasteur qui ramène la confiance et l'ordre dans le troupeau épouvanté[120] ».

Citons cette anecdote de Paul de Wailly nous éclairant sur la relation (finalement assez secrète) qui existe entre l'art de son maître et celui de Wagner : « Un jour qu'il me faisait connaitre une de ses compositions, je dis un peu naïvement : " À telle page de Wagner, il y a quelque chose d'analogue. – Je n'ai pas besoin de savoir ce que fait Wagner", me répliqua-t-il assez vertement. Il connaissait les ouvrages de Wagner et les appréciait fort. Seulement il avait une parfaite conscience de sa propre valeur.[121] »

---

119 In *Harmonie et Mélodie*, 1885, Calmant Lévy.
120 Camille Mauclair, *La Religion de la musique*, op. cit.
121 *La vie et l'âme de César Franck*, les Amis de la Musique d'Abbeville, 1922.

L'aura de César Franck rayonna bien au-delà de son action artistique et du domaine de l'esthétique. Les traits communs à la tradition post-franckienne peuvent se résumer à la densité d'un discours musical caractérisé par cette mouvance chromatique donnant toute sa complexité à l'écriture harmonique, à des orchestrations qui apparaissent être à l'opposé de l'école symboliste et impressionniste recherchant davantage de couleurs et de contrastes.

Les successeurs de Franck ont perpétué le mélange des timbres chers à leur maître, son utilisation des registres graves des bois, ses ponctuations des cuivres, sa préférence pour le déploiement des cordes à l'unisson et sa rythmique jugée souvent stéréotypée et sans renouvellement.

Joël-Marie Fauquet nous fait entrer dans les arcanes de la naissance du franckisme, en esquissant son devenir : « Franck a été en musique, de façon emblématique, le représentant de cette conscience esthétique qui a ouvert une perspective nouvelle à ce que l'on peut appeler la morale de l'art. (...) Tout dans son comportement le prédisposait à offrir en quelque sorte à ses élèves le moule de la statue qu'ils lui élèveraient en lui prêtant les traits du dogmatisme artistique qu'ils entendaient eux-mêmes imposer. Rien dans la personnalité singulière de Franck ne s'opposait à cette manipulation[122]. »

« Caricature de Saint-Saëns par Pauline Viardot » (Coll. Part.)

122 *César Franck*, op. cit.

Apogée et déclin de l'école franckiste

De la sacralisation de l'homme et de son œuvre à la naissance d'une école et d'un système érigé en exemple, il n'y avait qu'un pas à franchir !

Et nul mieux que Vincent d'Indy sut parvenir, habilement et non sans opportunisme, à catalyser l'œuvre et l'image de Franck, à la promouvoir en une véritable « famille artistique », dans une sorte de fondation d'une « entreprise de *restauration nationale* et *d'ordre moral*[123] ».

Pour ce faire, il fonda en 1894 la Schola Cantorum conjointement avec Charles Bordes – maître de chapelle de Saint-Gervais, inlassable artisan du renouveau de la musique sacrée et ancienne –, et Alexandre Guilmant dont la carrière d'organiste sera considérable jusqu'aux États-Unis.

L'importance de la Schola Cantorum est évidemment à rapprocher de la doctrine franckiste : « Fait historique de première importance : le franckisme, inventé par d'Indy et ses amis comme doctrine parallèle au wagnérisme dans la symphonie et la musique de chambre, allait régner pendant de longues année, sans que le maître des *Béatitudes* mesurât lui-même l'ampleur et la portée du mouvement d'opinion que, par la volonté souveraine de son ardent et autoritaire disciple, son propre pavillon devait couvrir.[124] »

L'aura de Franck, mort pourtant depuis cinq ans, apparaissait toujours très présente : « C'est son système d'enseignement que nous efforçons de continuer et d'appliquer ici », dira d'Indy dans son discours d'inauguration. Mais le « Pater séraphicus » veille : Franck « restera le saint laïque, canonisé par la volonté toute puissante de Vincent d'Indy[125]... »

En prédicateur, doublé d'un évident pédagogue, d'Indy devint très vite chef d'école. On sait qu'il ne fut pas toujours très apprécié par ses pairs : on lui reprochait sa personnalité à plusieurs facettes et « toute de séduction pour les uns, violemment irritante pour les autres », selon Léon Vallas.

Intransigeant, d'Indy semblait être davantage fait pour conduire que pour être subordonné à l'autorité d'un tiers : en se démarquant totalement de l'enseignement officiel du Conservatoire, il offrit par son autorité, sa rigueur et son charisme, une suprématie indéniable, reconnue comme étant la pierre angulaire de l'établissement qu'il avait choisi de prendre en main. Mais le problème du

---

123 Jean-Pierre Calmont, préface du *César Franck* de d'Indy, op. cit.
124 Léon Vallas, *Vincent d'Indy*, tome II, Albin Michel, 1950.
125 Léon Vallas, *La véritable histoire de César Franck*, op. cit.

compositeur de *Fervaal* restera ce rigorisme parfois trop grand, pouvant aller jusqu'au dogmatisme, voire au sectarisme, ce qui bien entendu ne pouvait manquer d'échapper à ses détracteurs, et au final même de lui nuire. Il s'en défendait du reste, disant à propos de son école : « Ce n'est pas un cercle fermé, mais une spirale qui monte toujours et toujours progresse. »

L'enseignement de la Schola Cantorum instaura un lien étroit entre l'éthique et la théorie, sujets abondamment développés tout au long des quatre volumes du *Cours de composition musicale* de d'Indy, véritable somme d'un art indiscutablement hérité de Franck mais le dépassant largement, le compositeur des *Béatitudes* ne théorisant jamais ce qu'il livrait. Assez rapidement cette école prit de l'ampleur, avec une grande rectitude dans ses principes philosophiques dont les ferments furent déployés, avec zèle et rigueur, par son fondateur. La notion de plaisir de l'enseignement s'effrita au nom de la foi chrétienne, d'une moralité haute et sans ombrage, avec une persévérance dans l'effort demandée aux élèves.

Déjà en 1892, bien avant la fondation officielle de cette école, d'Indy écrivit un texte proposant un *Projet de réforme des études au Conservatoire de Paris* : « L'Art n'est pas un métier. Une école d'art ne peut pas être une école professionnelle. Ce n'est pas un cercle fermé, mais une spirale qui monte toujours et toujours progresse (...). Que le ciel nous préserve des demi-artistes comme des demi-savants ! »

Reprenant l'action morale et spirituelle de Franck, il prôna son credo dicté, en grande partie, par les vertus théologales du sentiment catholique : « Foi, Espérance et Charité ».

Les deux principes fondamentaux de d'Indy reposaient sur deux axes :

- La foi catholique, comme fondement commun de la religion et de l'art : grâce à sa croyance inébranlable en une vie après la mort, Franck ne pouvait faire aucune concession au goût contemporain, mais au contraire avait su vivre à fond son idéal artistique répondant au besoin de magnifier Dieu à travers sa musique.
- La notion d'une ligne de tradition artistique ininterrompue conduisant depuis le chant grégorien jusqu'à César Franck, en incorporant l'empreinte de Bach et les ferments portés par le dernier style beethovénien.

Ces préceptes ne furent pas au goût de tout le monde, surtout en ce temps où la laïcité prenait le pas sur bien des principes jugés trop conservateurs ou obsolètes.

L'heure du déclin commençait-t-elle de sonner pour d'Indy ?

Assurément, le temps d'une certaine lassitude se révélait bien au-delà de l'école, dans l'essence même du franckisme. Déjà du vivant du maître, quelques émules de la « bande à Franck » heurtèrent la susceptibilité de ceux qui désapprouvaient l'aura grandissante du musicien. Des retours de bâton frappèrent postmortem César Franck lui-même, auquel on ne pouvait pourtant pas reprocher d'allumer le feu des polémiques !

Saint-Saëns sera le premier à combattre le dogme de la religion franckienne insufflé par d'Indy, en exprimant son animosité vis-à-vis de l'influence « néfaste » de Franck sur le devenir de la musique française. Un fait anecdotique, cependant bien révélateur, nous éclaire sur son état d'esprit : il refusa de faire partie, purement et simplement, du comité d'honneur pour la réalisation en 1904 du monument érigé à la mémoire de César Franck, dans le square de Sainte-Clotilde.

Autour de 1900, d'évidentes fissures apparurent peu à peu dans ce paysage où flottait toujours l'ombre du père Franck : on critiqua l'action de d'Indy, pas toujours en odeur de sainteté dans le milieu musical et même auprès de certains franckistes : ainsi l'attestent ses nombreux conflits avec Georges Franck. Ce dernier protesta contre l'accaparation de la personne et de l'œuvre de son père par ce qu'il nomma « un parti », visant en particulier la Schola Cantorum et son directeur.

En 1895, il écrivait à un ami, à propos de d'Indy : « Vous me parlez de l'élève *dévoué*. Il est temps que cette légende intéressée prenne fin (...). Mon père mort, il s'est intitulé *l'élève préféré*... au même titre que *tous* les jeunes musiciens se disent aujourd'hui plus ou moins élèves de César Franck : il en pousse partout... »

La diffusion des œuvres de son père et leur édition furent pour Georges Franck autant un combat qu'un devoir de mémoire.

Dans un écrit datant de 1901 il combattit l'image éthérée la plus souvent attachée au souvenir du musicien, soulignant à juste titre sa pluralité artistique : « À en croire les écrivains appliqués à tout unifier et à tout déduire d'un seul principe César Franck aurait été un mystique, dont le vrai domaine serait la musique religieuse. Rien n'est moins exact. Le public est trop simpliste. Il abuse des étiquettes. Il juge un compositeur sur une œuvre ou un groupe d'œuvres, et les classe une fois pour toutes... En réalité, mon père a cultivé tous les genres. En musicien consommé, il s'est rendu maître de toutes les formes de la composition. Il a écrit de la musique religieuse et de la musique profane, des mélodies, des danses, des pastorales, des oratorios, des poèmes symphoniques, des symphonies, des sonates, des trios, des opéras. Il ne s'est pas mis dans telle œuvre, et non dans les autres ; il s'est exprimé partout[126]. »

---

126 In *Revue d'histoire et de critique musicale*, septembre 1901.

Apogée et déclin de l'école franckiste | 115

Si le fils aîné Franck employa son énergie à promouvoir les opéras *Hulda* et *Ghiselle*, ce fut bien dans un double but : d'une part d'amoindrir l'image séraphique du musicien, d'autre part de le voir enfin reconnu en tant que compositeur moderne de l'art lyrique français et comme une sorte de Wagner français. Inutile de dire que tout cela soulèvera remous, conflits et controverses entre Georges Franck et d'Indy, particulièrement quant au choix des compositeurs des mieux à même de terminer l'orchestration de *Ghiselle*.

Arrêtons-nous un instant sur la personnalité de Georges Franck (1848–1910). Bon pianiste amateur, agrégé de l'université en histoire-géographie, il enseigna dans plusieurs lycées avant de devenir professeur d'histoire de l'art au lycée Lakanal à Sceaux, où il s'installera avec sa famille (sa mère vint les rejoindre après le décès de son mari). Il était capable, selon Joël-Marie Fauquet, d'exercer une certaine « domination artistique » sur son père, grâce à une culture littéraire et artistique nettement supérieure. Capable, aussi, de l'influencer par ses opinions républicaines bien affichées. Toujours selon Joël-Marie Fauquet, il se révéla « intransigeant, difficulteux, complice de sa mère, exerçant sur l'œuvre de César le pouvoir d'un fils abusif, formant des projets dont beaucoup échouèrent, hormis celui qui aboutit à la révision malencontreuse des deux opéras *Hulda* et *Ghiselle*[127] ».

Georges Franck et Félicité poussèrent le musicien à écrire des partitions plus faciles, davantage dans le goût de l'époque. Tous deux ne voyaient pas forcément d'un bon œil l'influence des disciples (en particulier ceux de la « bande ») sur leur maître.

Quant à Germain Franck (1853–1912), il restera moins au premier plan dans la sphère familiale, étant plus effacé, certainement moins impliqué dans l'univers créatif de son père. Vincent d'Indy semblait l'apprécier comme le prouve cet extrait d'une lettre adressée, le 2 janvier 1874, à Roger de Pampelonne : « J'aime beaucoup Germain qui est un charmant jeune homme, d'une très bonne conduite et qui n'a que le tort d'être trop timide. »

Alfred Cortot sut bien mettre en évidence l'opposition entre le dogmatisme d'indyste et l'espèce « d'hédonisme » apporté par le courant debussyste : « Dans le même temps où Debussy disait que la musique doit être un plaisir, d'Indy enseignait qu'elle est un dogme et qu'elle s'appuie sur des principes intangibles.[128] »

Apparaît ainsi tout à fait fondée cette analyse du musicologue belge Charles Van den Borren : « Il n'est pas douteux qu'à la longue, la « doctrine » du maître,

---

127 In *César Franck*, op. cit.
128 In *Cours d'Interprétation*, Slatkine, *Genève*, 1980.

qui n'en était pas une pour lui, mais qui constituait un credo parmi ses disciples, s'est avérée, jusqu'à un certain point, comme un facteur d'assèchement, en d'autres termes une impasse dont il était indispensable de s'évader pour éviter de tomber dans le vide.[129] »

En effet, l'évolution fulgurante des courants modernistes du début du XXème (avec notamment Debussy, Ravel, Stravinski, Bartók, Prokofiev et également par le Groupe des Six) affaiblit et même éclipsa le rayonnement du mouvement franckiste.

Il y eut des résistances, mais dans un combat presque perdu d'avance : « En condamnant ceux qui ne partageaient pas leur admiration pour l'organiste de Sainte-Clotilde, en se montrant parfois d'une sévérité excessive pour les autres compositeurs, ils ont heurté bien des susceptibilités qui se sont finalement retournées contre leur maître, parfois de manière assez basse.[130] »

Nombre de ceux qui formèrent les premiers maillons de la « bande à Franck », et même des disciples plus tardifs, furent plongés peu à peu dans un oubli que seule notre époque commence doucement à réveiller, grâce aux enregistrements et publications de livres concernant Augusta Holmès, Alexis de Castillon, Gabriel Pierné, Albéric Magnard, Guillaume Lekeu, Louis Vierne, Charles Tournemire…

Romain Rolland avait déjà bien cerné la division et les querelles qui régnaient dans le monde musical : « Au lieu de se recueillir, chacun dans sa tâche, en se sentant unis aux autres dans une œuvre commune, on se livre à de stériles disputes. La jeune école française existe à peine, qu'elle s'est déjà scindée en deux ou trois parties. À la lutte de tous contre l'art étranger, succède la lutte des artistes français ; c'est le mal chronique du pays, où tant de forces s'usent en vain.[131] »

Claude Debussy, se voulant libre stylistiquement parlant et détaché des dogmes, fut à même de réussir son « évasion franckiste » sans totalement renier le « père Franck », comme on le prétendit parfois hâtivement. *La Demoiselle élue* (1888), la *Fantaisie pour piano et orchestre* (1889) se souviennent de Franck et le caractère lyrique du mouvement lent du *Quatuor* (1893) témoigne de quelque délicieux parfum franckien.

Dans le *Prélude à l'après-midi d'un faune*, l'influence de Franck se retrouve encore présente, déjà au-delà du langage musical et du chromatisme du thème, par le titre initialement donné à l'œuvre en 1892 : *Prélude, Interlude et Paraphrase pour l'après-midi d'un faune.*

---

129 *César Franck*, Bruxelles, La Renaissance du Livre, 1949.
130 Jean Gallois, *César Franck*, op. cit.
131 In *Musiciens d'Aujourd'hui*, op. cit.

Cette construction tripartite ne rappelle-t-elle pas celle familière à Franck dans ses grandes œuvres pianistiques et dans *Prélude, Fugue et Variation* pour orgue ?

Quant à Ravel, il dénonça catégoriquement « la lourdeur de l'élévation de Franck » : il y voyait, comme chez Brahms, des imperfections, des limites et « souvent une impression de froideur ». Il prit de sérieuses distances avec ce qu'il nommait avec dédain « le cloître franckiste », sorte de « procession grave d'artistes fervents dont la volonté et dont la foi ne cessa se s'affermir[132]... »

Nul ne douta que l'auteur du *Boléro* envoyait lui aussi quelque flèche à l'encontre de Vincent d'Indy qu'il ne tenait pas, non plus, en odeur de sainteté !

D'Indy apparut, peu à peu, comme indéniablement victime – et d'une certaine manière malgré lui – de cette doctrine franckiste qu'il avait su façonner et si bien drainer...

C'est toute l'école franckiste qui allait être prise pour cible par le Groupe des Six, notamment par Milhaud, écrivant : « L'influence de César Franck a déterminé un courant de sérieux à tout prix, de pessimisme, tout imprégné de « bons sentiments » et nous a valu toute la pléiade de musiciens de la Schola Cantorum, dont les œuvres, à l'exception de quelques-unes, dues à M. d'Indy, ont aidé à transformer la musique en « une serre d'ennui.[133] »

Certains historiens de la musique, tels Lucien Rebatet[134] et Alfred Einstein, seront de leur côté sévères sur l'œuvre de Franck, jugée souvent inégale : « À côté de chefs-d'œuvre hautement personnels empreints de la plus intense ferveur, il a payé tribut à son époque par cent fautes de goûts et trivialité[135]. »

Par la suite, des travaux musicologiques donnant lieu à des publications ou à des mémoires universitaires, les articles bien ciblés de la *Revue belge de musicologie*, des ouvrages importants (celui de Joël-Marie Fauquet en premier lieu), des enregistrements d'une bonne partie de l'œuvre de Franck – à l'exception cependant de certaines œuvres de jeunesse comme les Cantates, de *Rébecca* et de *Ghiselle* –, ont permis de dépassionner les débats, de dépasser en grande partie les vielles images d'Epinal surannées, de montrer la pluralité de l'œuvre franckienne.

En effet, l'idée de vouloir absolument normaliser cette musique, de la réduire à de simples critères, parait aussi vain qu'obsolète.

---

132 In *Lettres, écrits, entretiens*, présentation et annotations d'Arbie Orenstein, Flammarion, 1989.
133 Darius Milhaud, *Notes sur les musiciens*, textes réunis par Jérémy Dinke, Flammarion, 1982.
134 *Une histoire de la musique*, Robert Laffont, 1939.
135 Alfred Einstein, *La musique romantique*, op. cit.

Bref, il faut savoir séparer « le bon grain de l'ivraie ».

Notre temps, avide de restitution historique, s'ouvre sur une nouvelle ère pour la compréhension et l'interprétation de l'œuvre de César Franck. Si la découverte d'un nouvel aspect du musicien - celui d'un dramaturge, avec la révélation de l'opéra *Hulda* qui bouscule toutes les images étriquées de la dévotion et de la retenue collant à sa personne et à sa musique - apparaît aujourd'hui dans une lumière éclatante, on ne peut sous-estimer l'impact produit par une nouvelle orientation stylistique.

Celle-ci, par la découverte des durées de quelques œuvres pour orchestre, des mouvements métronomiques pour les pièces pour orgue indiqués par Franck dans certaines notes à l'intention de ses élèves (miraculeusement retrouvées en France et aux États-Unis), permet une meilleure et probante restitution des partitions.

L'œuvre pour orgue ou harmonium, grâce aux enregistrements, études et publications de l'organiste Joris Verdin, se trouve rajeunie et débarrassée de sa lourdeur et de sa lenteur habituelles (perceptibles par exemples dans la *Prière* ou le *Prélude, fugue et variation*).

De même en est-il pour la musique pour piano, jouée sur instruments d'époque, de la musique de chambre et de l'œuvre orchestrale (*Le Chasseur maudit*, la *Symphonie en ré* etc.) bénéficiant d'une approche nouvelle par l'allègement de la texture sonore, de tempos plus rapides et d'un bénéfique travail sur le vibrato et le phrasé.

Malgré tout, un certain « amenuisement » (pour reprendre la pertinente expression de Philippe Dewonck[136]) vis-à-vis de Franck semble perdurer. Certes, les signes annonciateurs d'une souhaitée « réhabilitation » apparaissent bien visibles, par la multiplication d'enregistrements récents consacrés à l'œuvre du musicien ou ceux annoncés, à l'occasion du Bicentenaire, chez Palazzo Bru Zane (*Hulda*, intégrale des *Mélodies* et *Duos*) ou Fuga Libera (intégrale de la musique symphonique et concertante, *Les Béatitudes*) ; d'autres enregistrements ont été récemment publiés chez Naxos (*Hulda*), chez Musique en Wallonie (« De l'autel au salon. Œuvres chorales », *Rédemption*), ou le seront chez Brilliant-Classics ou By classique.

Du côté des partitions, cela bouge aussi. Certes, beaucoup d'œuvres de Franck ont été publiées, mais parfois imparfaitement ou avec des erreurs (par exemple, celles relevées dans les diverses éditions Durand de l'œuvre d'orgue).

---

136 In *César Franck, maître de la musique moderne*, Revue belge de Musicologie, vol. 52, 1998.

Les *Trios* ne sont disponibles que dans la première édition et demanderaient à être réédités et commantés. Si l'on souhaiterait une édition des *Six Cantates* que Franck composa pour la préparation au Prix de Rome, signalons que certaines pages importantes ont été publiées récemment : *Ce qu'on entend sur la montagne*, *Stradella*, *Hulda* etc.

Saluons également la première édition complète et critique des dix-neuf mélodies (auxquelles s'ajoutent *Paris* et *Patria*), réalisée par Jean-Philippe Navarre, publiée aux éditions Les Presses du Collège Musical. De leur côté, les éditions de Music Publishing réalisent les versions Urtext du *Chasseur maudit*, des *Éolides*, de la première version de 1872 de la *Symphonie* de *Rédemption*.

En attendant, on l'espère, une édition critique de l'ensemble de la musique de chambre franckienne, les éditions Bärenreiter-Verlag entreprennent la publication Urtext du *Quatuor*, de la *Sonate pour violon et piano*, des œuvres pour orgue et harmonium (en cours de réalisation en huit volumes) par Christiane Strucken-Paland et en collaboration avec l'active *Société Internationale César Franck*, qui organise par ailleurs des colloques, Master Class etc.

Alors, le temps semble venu de pouvoir remettre sans scrupules ses Lauriers à César !

Belge ou Français

On a longtemps considéré les musiciens selon deux critères : leur implication dans le modernisme de leur époque et leur appartenance à une culture nationale. Ce concept parfois réducteur subsista longtemps pour Franck, tenace à cause de la relative ambiguïté sur ses origines. Gardons à l'esprit la difficulté rencontrée par un Belge de naissance, de sang allemand et très attaché par son éducation à l'esthétique germanique, pour devenir l'un des meilleurs représentants d'une école française autant nationaliste que conservatrice. En 1942, le musicologue allemand Wilhelm Mohr réalisait un ouvrage intitulé « César Franck, un musicien allemand », établissant l'idée d'une germanité évidente chez le musicien de par ses parents et ses ancêtres, conjuguée au fait qu'il restait Liégeois par accident. De plus, Mohr stipulait que l'influence française vécue par Franck ne pouvait être que négligeable !

Il semble évident que face à de l'œuvre de Franck, on se soit vite empressé de déceler une sorte « d'antithèse germanisme-latinité » (Joël-Marie Fauquet), d'opposer à son esthétique jugée d'essence par trop germanique, la clarté et la finesse d'une l'écriture bien française, représentée par Saint-Saëns, Gounod, Massenet, Chabrier, Lalo, Bizet.

Le fait de comparer l'art germanique et l'art français n'était pas nouveau : il traversa même tout le XIXème siècle. Ainsi la Républicaine Anne-Louise Germaine de Staël-Holstein (1766-1817), célèbre dame de lettres, théoricienne de la littérature et de la philosophie, écrivit un essai intitulé *De l'Allemagne*, dans lequel s'opposait assez clairement l'esprit intellectuel du peuple allemand, à l'esprit français davantage porté par l'instinct.

À l'époque du jeune César-Auguste, nombre de compositeurs en vogue parvinrent à abolir les frontières géographiques par leurs tournées et leurs compositions, tout en préservant leur propre inspiration nationale : le polonais Chopin, le hongrois Liszt, l'allemand Meyerbeer ou l'italien Cherubini. Ils ont œuvré, dans une large mesure, pour une Europe artistique, portés dans un même élan par les sentiments et les préoccupations caractéristiques de l'art romantique. Jusqu'à la guerre franco-prussienne de 1870, on ne prenait guère en compte la question de nationalité des compositeurs établis à Paris. Puis, par les statuts de la S.N.M. l'idée du nationalisme s'encra dans l'esprit français, se conjuguant de surcroît avec l'antisémitisme ambiant de certains milieux sociaux et culturels (en particulier dans le cas de d'Indy ou de Duparc).

Si la S.N.M., dès 1871, voulut éviter de programmer des compositeurs étrangers, Franck ne fut pas visé malgré ses origines germaniques : au contraire on reporta sur lui, tacitement, l'attachement à cette culture germanique difficile à concilier avec le patriotisme, et quelque subterfuge pour se détourner dignement de l'emprise wagnérienne.

Allons plus loin : les disciples de Franck, même inconsciemment, ont voulu que du français qu'il devînt « officiellement » (et tardivement, en 1873, par la pleine naturalisation), il fût également un « Français de cœur et de caractère », selon ce que souhaitait d'Indy.

La postérité, avide plus de clichés que de faits historiques cohérents, a cru voir en César-Auguste Franck « le musicien de Liège », le meilleur représentant d'une école française pourtant devenue bel et bien nationaliste et conservatrice.

Donc, les choses ne sont pas aussi simples qu'elles voudraient le faire croire : Franck se situe aux croisements de plusieurs ramifications, allemandes, wallonnes, hollandaises même, et « Français de Belgique, César Franck est bien de ses artistes qui, confrontés au plurilinguisme, ont aboli le sens des frontières quand bien même la musique a pu revendiquer, elle, ses particularismes[137] ».

---

137 Joël-Marie Fauquet, *César Franck*, op. cit.

Parlons de ce Franck, perçu « comme appartenant aux *chevaliers de l'art français*, qui vint de l'étranger, une cocarde belge à son chapeau, signer, au bureau de recrutement des défenseurs de notre patrimoine, un engagement volontaire[138] » !

C'est surtout d'Indy, pourtant réputé à juste titre nationaliste impénitent, qui chercha le mieux à établir le prétendu caractère français de son maitre :

> C'est au pays wallon que se passèrent les premières années de César Franck, en ce pays si français, non seulement de cœur et de langage, mais encore d'aspect extérieur, car, quoi de plus semblable à notre plateau central de la France que ces vallées accidentées aux plans abrupts et pittoresques (...). Et c'était bien, en effet, ce pays gaulois d'aspect (...), qui devait fatalement enfanter le génie prédestiné à la création d'un art symphonique français (...). Il est et il restera un éminent français par l'esprit d'ordre, de style et de pondération qui règne sur son œuvre entier.[139]

Quant à Paul de Wailly, il s'embrouilla quelque peu dans la géographie : « Franck est né à Liège (...). À ce titre, nous pensons le réclamer comme un compatriote, plus que toute autre province française. Liège est en Wallonie, et le langage wallon, c'est le patois picard (...). Donc le maître était un peu picard.[140] »

Tout en reconnaissant ses origines, nombre de commentateurs du début du XXème siècle insistèrent sur la suprématie de Franck au sein de l'art français, tel Camille Mauclair : « Si la musique française est aujourd'hui la première de l'Europe, c'est à un relèvement symphonique qu'elle le doit – et sans Franck elle ne l'aurait point connue.[141] »

Mais les sons de cloche divergèrent d'une chapelle à l'autre ! Ainsi Saint-Saëns, n'ayant de cesse de s'en prendre directement à l'ascendance du *père Franck* sur le milieu musical des années 1880-1890, affirma catégoriquement : « Son influence sur l'École française, à mon humble avis, n'a pas été heureuse[142]... »

À plus d'un sens, l'auteur de *Phaéton* va à l'inverse de ce qu'aimait justement rappeler Paul Dukas : « Toute l'éclosion de la musique purement musicale qui l'a suivi jusqu'à présent prend en lui son origine.[143] »

Debussy restera plus ambigu, pouvant même parfois sembler se contredire : « L'action de Franck sur les compositeurs français se réduit à peu de chose ;

---

138 Emile Vuillermoz, Histoire de la musique, Librairie Arthème Fayard, 1949.
139 D'Indy, *César Franck*, op. cit.
140 In *La Vie et l'Âme de César Franck*, les Amis de la musique d'Abbeville, Amiens, 1922.
141 *La Religion et la Musique*, op. cit.
142 Extrait d'une lettre à Ernest Rollin, 1898.
143 In *Les Écrits de Paul Dukas sur la Musique,* op. cit.

il leur a enseigné certains procédés d'écriture, mais leur inspiration n'a aucun rapport avec la sienne.[144] »

Ce qui ne lui empêcha pas d'écrire à Francis Poulenc en 1915, qu'à ses yeux Franck restait : « La vraie gloire et l'honneur de l'école instrumentale française au XIXème siècle. »

Quant à Poulenc n'avait-il pas dit dans une de ses correspondances de 1919 : « Je n'aime pas Franck parce que ce n'est pas de l'art latin » ?

En conséquence, pour Ravel et bien des compositeurs de son époque, Franck ne pouvait trouver pleinement sa place au sein d'un art présenté comme « purement » français, ni figurer dignement, en tant que tel, aux côtés de Berlioz, Gounod, Saint-Saëns, Massenet ou Fauré.

Manuel de Falla, pour sa part, trancha dans le vif en soulignant « que ni son *métier*, ni ses prédilections et modèles n'ont le moindre rapport avec les qualités propres qui sont la marque du caractère et du véritable esprit français[145]... »

Il faut replacer avec discernement les choses dans leur contexte, en sachant bien mesurer combien le temps permit de relativiser ces points de vue excessifs, voire véritablement « cassants » : Franck a toujours sa place au sein de l'art français (ceci se vérifie dans le moindre ouvrage d'histoire de la musique), même s'il peut toutefois demeurer un fond de malentendu, car les mémoires sont souvent tenaces au point de permettre aux préjugés de perdurer longtemps...

Alors, il est bien temps de rendre à César ce qui appartient à Franck !

Une esthétique rayonnante

« *La langue de Franck est rigoureusement individuelle, d'un timbre et d'un accent jusqu'à lui inusités et qui le font reconnaître entre toutes* » (*Paul Dukas*[146]).

Si la personnalité et le chemin de vie de Franck portent la marque de sa dualité, son esthétique obéit à un principe ternaire avec, comme clé de voûte, un sens aigu de l'ordonnance et de l'équilibre : ordre tonal, ordre thématique et ordre architectural. La musique de Franck offre nombre de caractéristiques stylistiques

---

144 Paul Landormy, *Enquête sur l'état actuel de ma musique française*, Revue Bleue, janvier-juin 1904.
145 In *Écrits sur la musique*, édition critique, Actes Sud, 1992.
146 In *Gazette des Beaux-arts*, 1904.

soulignant et nourrissant grandement à la fois son originalité et son individualité. La teneur de son langage harmonique, ses contours mélodiques si caractéristiques ainsi que son utilisation extrême de la forme cyclique, font de Franck l'archétype idéal du post-romantisme musical. On a beaucoup insisté sur sa filiation avec l'esthétique beethovenienne, surtout au niveau formel. Par exemple, la *Sonate pour violon et piano* se ressent des dernières sonates pour piano de Beethoven, que Franck avait bien étudiées (en particulier celles opus 101 et 110).
Vincent d'Indy voyait certes en son professeur « le véritable successeur du maître de Bonn », mais exagérant dans sa conviction qu'il « reprenait l'art de la construction au point précis ou Beethoven l'avait laissé ».

Considérons sa musique comme résolument *tonale*, dans un déroulement s'éloignant des canevas classiques (dont elle sait cependant se nourrir), par un jeu de contrastes, de libertés harmoniques, de subtiles mutations des timbres. Les *couleurs harmoniques* semblent jouir de cette dialectique permanente du majeur et du mineur, devenue l'expression subtile des états d'âme.

Franck a recours aussi à un certain goût pour le symbolisme : ainsi la tonalité de fa dièse majeur, qu'il affectionne particulièrement, s'apparente à l'idée divine et à la lumière. On a souvent comparé son inébranlable sens tonal avec la droiture de sa vie, car pour lui le fondement de la tonalité restait une discipline, quasiment une ascèse.

Sa musique se nourrit à l'extrême – même avec excès, diront certains – du dessin mélodique, représentant pour Hegel « l'unité et le retour parfait de l'âme sur elle-même[147] ». Franck éprouvait le besoin de s'abreuver à la source de ses thèmes pour l'édification de son architecture musicale. Notons cependant que l'inspiration mélodique précède toujours l'ossature de l'œuvre. En cela, il peut rejoindre cette confidence de Brahms : « Quand vient une belle idée, la structure s'efface. Ce qui vient du ciel doit être chéri en silence et sans rajout intempestif. »

Un solide ancrage dans la *forme* (forme-sonate héritée de Beethoven, variations, forme cyclique) permet au compositeur d'élaborer et d'ordonner de vastes architectures : la forme devient le revêtement de l'idée, elle se déploie au sein d'une ordonnance solide afin d'assurer au discours son fondement. En un sens, Franck se rapprocherait de cette affirmation de Saint-Saëns : « Pour moi, l'Art c'est avant tout la forme », cette forme « qui corrige l'émotion » (Georges Braque).

---

147 In *Esthétique*, 1835.

Franck n'eut de cesse de subordonner la forme musicale à son inspiration, reprenant à son compte cette pensée de Schumann : « On n'est maître de la pensée que lorsqu'on est complètement maître de la forme. »

Et combien notre musicien se révèle être un bâtisseur ! Les cadres appris des classiques, il sait les élargir à l'exemple de Liszt, y adaptant le *procédé cyclique* dont il on lui prêta un peu hâtivement l'apanage, et auquel ses disciples s'abreuveront largement. Franck, en fait, prend à Beethoven l'idée de la forme cyclique, mais en sachant la perfectionner et l'amplifier. Celle-ci consiste à privilégier un thème, à le développer voire à le transformer, en l'adaptant aux diverses parties de l'œuvre. Ainsi se trouvent reliés, les uns aux autres, les différents mouvements par un motif commun. L'influence de ce procédé rejaillira pleinement sur tous les disciples de Franck, en particulier sur le belge Guillaume Lekeu (1870-1894), reconnaissant que « les différentes parties d'une œuvre restent subordonnées à une seule idée génératrice d'où découlent naturellement d'outres idées, par là même secondaires[148] ».

On a parfois reproché au compositeur l'abus de ce procédé cyclique, engendrant de fait une certaine monotonie dans la continuité du langage musical (c'est l'une des thèses du musicologue allemand Carl Dahlhaus[149]).

Les idées musicales de Franck apparaissent généreuses, parfois un rien laborieuses ou démonstratives ; elles se déploient et se répondent dans toutes les parties intérieures, en s'organisant par ce que Célestin Deliège appelle une *ultra-thématisation* : « Il en résulte que l'auditeur est baigné dans une atmosphère où seuls les éléments thématiques sont les conducteurs de la perception ; Franck l'immerge littéralement dans un foisonnement d'idées qu'au surplus il apparente les unes aux autres. Plutôt que de tenir l'auditeur en haleine en suspendant son désir, à tout instant il le comble. Il satisfait l'attente, il en dépasse les espérances[150] . »

Dans un même registre, si les thèmes chantent avec effusion, il peut en résulter à la longue, selon certains commentateurs, une certaine monotonie, de la « redondance », un surcroît d'affect par trop d'épanchements. André Suarès le reprochera directement à Franck :

> Sa conviction est toujours grandiloquente, trop d'onction, trop de voix céleste. Il y a telle façon d'être candide et qui tout l'effet de la rouerie. L'affectation peut être

---

148 Extrait d'une lettre de Lekeu à Alfred Massau, 5 février 1891.
149 In *Die Musik des 19. Jahrhundert*, traduction anglaise, University of California Press, 1989.
150 « César Franck et le jugement de goût », in *Revue belge de musicologie*, n° 45, 1991.

naturelle et l'esprit innocent (...). Il cultive l'effet et ne se prive même pas d'être fort brillant. En art, c'est le péché[151].

Chez Franck, les thèmes se forment lentement contrairement à ceux plus limpides d'un Saint-Saëns, et ils reflètent davantage les traits de sa psychologie, partagée entre hésitations, retenue et déterminisme. Par leur densification, ils prennent corps en des luttes, s'épanouissant en de larges développements pour atteindre la majesté et la certitude. Ils rejoignent, par leur plénitude, ce que Paul Valéry appelait « une poésie presque musicale autant par les idées que par la forme ».

Examinons la parure si caractéristique qu'offre le contour mélodique des thèmes franckiens : les phrases musicales y apparaissent longues, s'étirant volontiers du grave à l'aigu, dans ce que Tournemire qualifie « d'extensibles ». Par exemple, admirons dans l'*Interlude* de *Rédemption* la belle plasticité du thème très expressif sur quelques dix mesures, aux cordes seules. (*EX. musical 9*).

Chez Franck, seule l'intensité de l'inspiration semble le guider, le préservant de tout « bavardage » inutile ou superflu : « Je n'écris que lorsque j'ai quelque chose à dire », confia-t-il à son fils Georges. Le temps semble souvent être suspendu dans sa musique comme le souligne admirablement Claude Debussy :

> Nulle puissance au monde ne pouvait lui commander d'interrompre une période qu'il croit juste et nécessaire : si longue soit-elle, il faut en passer par là. Ceci est bien la marque d'une rêverie désintéressée qui s'interdit tout sanglot dont elle n'aurait pas éprouvé auparavant la véracité[152].

Le thème musical sait parfois devenir plus volubile, plus bref, tournoyant et ingénu : ainsi dans le début des *Jardins d'Eros* (deuxième partie de *Psyché*), où la nature en fête salue l'héroïne reposant parmi les fleurs (*EX. musical 10*).

Le motif thématique peut-être plus dynamique et nerveux, comme celui sur six mesures du début de l'*Allegro molto*, final du *Quatuor*, joué à l'unisson par les quatre instruments (*EX. musical 11*).

Soulignons une caractéristique importante de la configuration thématique franckienne : l'utilisation de motifs, souvent brefs, en trois « paliers » (parfois plus), généralement accompagnés d'une broderie à la note supérieure avec un appui sur la première. Ici, il ne peut s'agir d'une simple « question réponse » ou *antécédent/conséquent,* propres au langage classique.

---

151 In *Sur la musique*, Actes Sud, 2013.
152 In *Monsieur Croche et autres écrits*, op. cit.

Chez Franck, ce déroulement du thème en *élans*, en agrandissant et en étirant l'intervalle ou en le transposant, semble bien s'apparenter à un questionnement pouvant devenir de plus en plus véhément. Parmi d'innombrables exemples, attachons-nous à ces deux suivants :

- Le thème cyclique du *Quintette*, dans son expression la plus « exaltée » (*Allegro* du premier mouvement) sur sept mesures, en deux phrases de trois mesures : la première en trois « élans » ascendants, la deuxième en trois « élans » descendants (*EX. musical 12*).
- Le motif au piano, ouvrant le *Recitativo-Fantasia* (troisième mouvement) de la *Sonate en la majeur* (*EX. musical 13*).

L'alternance du majeur et du mineur constitue un élément primordial dans l'esthétique franckienne : elle exprime au travers d'un même motif et dans un changement d'atmosphère, l'ambivalence de ses sentiments. D'une façon analogue au procédé schubertien, un même motif peut être reproduit textuellement dans l'alternance des deux modes, comme dans la *Fantaisie en ut* pour orgue (*EX. musical 14*).

Ces graduations entre ces deux modes sont autant d'ordre métaphorique (le *clair et l'obscur*) que révélatrices d'un monde sonore mouvant et contrasté. Amy Dommel-Diény en fait la remarque : « Les mille colorations passagères de Franck, comme de Fauré, et souvent par les mêmes procédés, sont une parure, un fruit de l'abondance inventive[153]. ... »

Si Franck recourt dans son élaboration thématique à de fréquentes juxtapositions des motifs, plus encore il aime à les superposer dans les développements ou les codas, (par exemple dans la *Grande Pièce symphonique* et dans le dernier mouvement du *Quintette*). Il a appliqué ce principe, du reste, dès ses œuvres de jeunesse (*Scherzo* du *Premier Trio*). Par ce jeu décoratif et inventif, nous pouvons admirer ce que Léon Vallas nommait « une plasticité serpentine des thèmes » propre à la fusion, à la superposition des motifs musicaux ou à leurs alternances.

L'*harmonie* franckienne est riche, généreuse, abondante, mouvante et même parfois équivoque, grâce à cet art continuel de la modulation. Quelques collègues du musicien, tel Ambroise Thomas, lui reprochèrent de « transgresser les lois intangibles » comme le précise Maurice Emmanuel : « Il suffisait qu'il échappât aux usages, tout en gardant large révérence, pour s'attirer les foudres officielles[154]. »

---

153 In *César Franck, L'Harmonie vivante (fascicule 11)*, éditions Dommel-Diény, 1973.
154 In *César Franck*, op. cit.

Très souvent la musique de Franck, bien ancrée dans une esthétique post-romantique, recèle un monde de tensions harmoniques, soit souterraines et masquées, soit sans équivoques pour répondre à des tensions psychologiques. L'harmonie, complexe, sait se nourrir tant de nombreuses *appogiatures* (comme souvent le fait Wagner) que de *notes étrangères* qui apportent une touche d'instabilité au discours musical, voire une certaine inquiétude : « La langue harmonique de Franck s'annexe, comme à plaisir, ces altérations qui permettent le passage d'un ton dans un autre, ces bifurcations qui engagent sur une autre voie, ces accidents nombreux qui transforment subitement la pensée[155]. »

Le *contrepoint* s'incorpore idéalement au discours harmonique, n'ayant de cesse de faire chanter et d'orner chaque partie intermédiaire, l'utilisation privilégiée et dense du *chromatisme* permet de colorer une pensée extrêmement mouvante, de traduire au mieux l'hypersensibilité du musicien.

Si, selon Maurice Emmanuel, Franck recommandait à ses élèves de « donner de l'air à votre musique », sa *rythmique* resta toujours l'un de ses points faibles : soulignée comme peu inventive, répétitive, souvent traversée de silences et de suspensions, elle peut engendrer une certaine monotonie, notamment par la répétition de paires de mesures. Ravel fera le reproche à la musique de son aîné de manquer de légèreté, de renouvellement, ciblant « des groupes de mesures jusqu'à des pages entières se répétant transposées textuellement : il abuse maladroitement de formules d'école surannées ».

---

155 Norbert Dufourcq, *César Franck*, op. cit.

7 | Au pays des légendes

Le mythe du Pater séraphicus

Le surnom de *Pater séraphicus* procède de la matérialisation d'un sobriquet aussi séduisant que réducteur. La légende viendrait d'un disciple de Franck, Alexis de Castillon (1838–1873), à l'époque où le maître, justement, travaillait à son oratorio *Les Béatitudes*. Castillon aurait déclaré à Duparc[156] : « Il y a tout de même dans cet homme-là autre chose qu'un grand musicien : il m'a souvent fait penser à Fra Angelico ; on a écrit que celui-ci peignait avec son âme ; on pourrait dire la même chose de Franck, qui a une âme de séraphin. »

Alors Franck devint vite pour beaucoup le « musicien des anges », selon le mot d'un de ses plus fervents disciples, Charles Tournemire, parlant en outre des « effluves mystiques » émanant de l'art de son maître.

La célèbre toile de Jeanne Rongier, réalisée en 1885, représentait le musicien sous une double facette : celle d'un homme à l'aspect volontaire et presque altier, toutefois rempli de bienveillance. On trouvera une expression davantage altière (presque wagnérienne !) dans le médaillon ornant la tombe du musicien au

---

156 Selon le témoignage de ce dernier, dans une lettre à Pierre de Bréville, en 1923.

cimetière du Père Lachaise, sculpture réalisée en 1893 par Auguste Rodin[157], ou dans le buste en bronze du sculpteur liégeois Adelin Salle (1884-1952) destiné à la Salle Philharmonique de Liège et récemment restauré et nettoyé.

Mais, assurément, l'image la plus saisissante du compositeur, comme « patriarche des séraphins », sera immortalisée dans le marbre par Alfred Lenoir : elle reste l'emblème du square Sainte-Clotilde. L'attitude du musicien, assis devant son orgue et entouré de l'aura protectrice d'un archange, corrobore bien l'image de cette « âme sainte, et toute rayonnante de beautés et de vertus[158] ».

Le 22 octobre 1904, le monument fut inauguré avec une solennité non dénuée d'une certaine affectation. Certains, tel Louis Vierne, en furent agacés : « Ils ont entendu pour parader l'érection de la statue du Maître dans le square Sainte-Clotilde, treize ans plus tard. Ah ! Les beaux discours, les fines fleurs de rhétorique, le pathos ronflant ! Ils s'en sont donné à cœur joie... Et ce jour-là, nous avons haussé les épaules, nous, les artisans frénétiques de la revanche posthume de celui que nous aimions si passionnément[159]... »

Nombre de franckistes vinrent s'incliner devant l'image idéalisée du maître, en perpétuant ce « culte séraphique » réprouvé énergiquement par Camille Mauclair : « Ce n'est que le spectacle inerte et figée de sa vraie gloire ! »

Si quelques disciples, tels Augusta Holmès ou Vincent d'Indy, contribuèrent à lustrer l'auréole qu'ils avaient su, à des degrés divers donner à la figure de leur maître, d'autres l'égratignèrent sans vergogne. Debussy sera l'un des premiers à vouloir contrer cette image un peu surannée, parlant de la « fausse mysticité du vieil ange belge ». Assurément, la postérité eut du mal à faire équitablement la part de choses : ainsi en 1930, le grand pianiste Alfred Cortot s'éleva contre cette « légende toute faite et quelque peu tendancieuse d'un César Franck mystique, sorte de *Pater Séraphicus* perdu dans un rêve immatériel, illuminé de cette piété extatique et contemplative qui libère des contingences et délivre des négligeables réalités. La noblesse de la vie de Franck, indissociable de la beauté de son œuvre, est précisément de n'avoir ni méconnu la réalité ni méprisé les contingences humaines, mais de ne point leur avoir cédé[160] ».

Si Léon Vallas reconnaît aisément que « Franck restera le saint laïque, canonisé par la volonté toute puissante de Vincent d'Indy », Joël-Marie Fauquet attire

---

157 Remplacée par une copie depuis 1995, l'original étant conservé dans les réserves du Musée Rodin de Paris.
158 Camille Mauclair, *La Religion de la musique*, op. cit.
159 In *Mémoires*, op. cit.
160 Alfred Cortot, *La musique française de piano*, op. cit.

notre attention sur le fait que « tout dans son comportement le prédisposait à offrir en quelque sorte à ses élèves le moule de la statue qu'ils lui élèveraient en lui prêtant les traits du dogmatisme artistique qu'ils entendaient eux-mêmes imposer. Rien dans la personnalité singulière de Franck ne s'opposait à cette manipulation[161] ».

Alors que devrions-nous retenir de cette image d'un Franck ramené à un *idéal* ?

Simplement deux choses : la nécessité d'un recadrage avec la réalité bien au-delà des ailes de l'Archange, en dépoussiérant la vielle redingote du notaire Franck aux favoris blanchis par le labeur, et la certitude que « son œuvre est celle d'un musicien qui était d'abord un homme avant d'être un sage[162]... »

Le jeu des contraires

Bien au-delà des apparences, la personnalité complexe de César Franck se dessine lentement, comme un paysage apparaissant en pleine lumière, après dissipation des brumes matinales. Un véritable « jeu des contraires » y apparaît, le psychisme de l'artiste et sa musique révélant nombre d'éléments antinomiques. Cette dualité se positionne entre action et inaction, passion et raison. Norbert Dufourcq note avec clairvoyance que Franck reste « un sentimental qui se raidit, un passionné qui s'observe[163] ».

Il fut généralement dépeint comme un homme docile, simple, semblant se satisfaire d'une existence routinière, avec le sens du devoir accompli avec zèle. Ainsi a-t-on pu le percevoir davantage, et exagérément, comme un être résigné et replié sur lui-même, tout entier concentré sur l'élaboration de son œuvre. Peut-on en déduire qu'il échappa ainsi à la vie ?

Au niveau de l'apparat, de la recherche des plaisirs et d'une vie trépidante façon Berlioz, nous serions tentés de répondre affirmativement. Mais par rapport à ses désirs profonds, nous dirions qu'il voulut simplement répondre aux inclinaisons de *sa* vie, d'une existence qu'il accomplissait dignement, sans faillir et sans faiblir, en montrant un certain détachement vis-à-vis des choses ne lui apparaissant pas essentielles. Il offrit l'image – hyperbolique pour certains ! – d'une personne rayonnante, à la fois d'une pure humilité et du désintéressement le plus

---

161 In *César Franck*, op. cit.
162 Jean Gallois, in *César Franck*, op. cit.
163 In *La Musique d'orgue française de Jehan Titelouze à Jean Alain*, Floury, 1949.

sincère. Nous ne pouvons penser – comme on l'a parfois prétendu – qu'il goûta voluptueusement à certaines privations par pur ascétisme, ni nous satisfaire tout à fait de ce point de vue d'Émile Vuillermoz, insistant trop sur l'aspect « éthéré » dont on a voulu absolument affubler Franck : « La vie de cet apôtre fut faite de douce résignation[164]. »

Chez lui, tout reste tant de l'ordre du subjectif que du sentiment, en constituant paradoxalement à la fois l'un de ses grands mérites et un certain signe de faiblesse. Debussy opposait judicieusement Franck à Wagner, constatant chez le premier que « ce qu'il emprunte à la vie, il le restitue à l'art avec une modestie qui va jusqu'à l'anonymat », et disant du second : « Quand il emprunte à la vie, il la domine, met le pied dessus et la force à crier le nom de Wagner plus haut que les trompettes de la Renommée. »

En astrologie, Franck est placé sous le *signe du Feu* : cela se traduit in facto par beaucoup de mobilité, de vigueur, la déclinaison d'une nature passionnée, indépendante, évolutive et en recherche constante de perfectionnement. Né en décembre (le 10), il reste totalement placé sous la gouvernance du Sagittaire, à la fois par son signe solaire natal et son ascendant. Cette double appartenance, renforçant les caractéristiques propres du signe solaire, le poussera à rechercher une grande indépendance d'esprit et à traduire au mieux cette exaltation des sentiments propre aux natures sensibles. Cela se vérifiera dans son œuvre, à la fois par l'originalité et la densité des moyens d'expression (le lyrisme, le foisonnement des idées, les contrastes permanents), que du caractère passionné de maintes pages, pouvant aller aux limites de l'exacerbation et même de la violence (*Quintette*).

Chez tout individu cohabitent des qualités féminines et masculines : elles sont particulièrement marquées dans la personnalité de César Franck. La part *féminine* ouvre à la réceptivité, à la sensualité et au monde des songes. Elle est illustrée magnifiquement par la mélodie *Nocturne* (1884) qui sait nous séduire par l'intensité et la fluidité de la ligne musicale, cependant contrecarrée par une partie d'accompagnement complexe et tourmentée.

L'être *masculin*, bien présent dans la personnalité de Franck, démontre sa force : lorsque celle-ci est activée, non seulement il est capable de triompher des forces obscures sollicitées et mises en scène en quelque sorte dans sa musique, mais il parvient à les dominer et à vaincre ses propres « démons intérieurs ». Et s'il décline pour lui-même quelque vision salvatrice de la rédemption, c'est pour mieux harmoniser la courbe épineuse de ses passions intérieures.

---

164 In *Histoire de la musique*, Librairie Arthème Fayard, 1949.

Nous trouvons un cheminement intérieur un peu analogue dans la personnalité d'Henri Duparc. Chez lui, les états d'âme sont exprimés d'une manière à la fois tourmentée et obsessionnelle, parfois avec clairvoyance comme dans *La Vie antérieure* : « Les yeux de l'âme voient plus haut que les yeux du corps. »

Si la psychologie de Franck s'inscrit au cœur d'une dualité, c'est par un processus de domination plus ou moins caché (où n'est pas exclu un certain « raidissement ») qu'il parvint à maintenir son équilibre. Tel Chopin, il oscille entre affirmation de soi et retenue : même effacement de l'un et de l'autre dans la sphère sociale mais également prédominance de l'instinct sur la volonté.

Alors qu'extérieurement Franck apparaissait réservé et timide, une force intérieure le propulsa dans la gestation de ses œuvres les plus audacieuses. Prenons quelques exemples bien éloquents : l'*Allegro* tumultueux de la *Sonate pour violon et piano* et l'ensemble du *Quintette en fa mineur*, *Prélude, choral et fugue*, *Choral n°2*, où au milieu des tensions chromatiques et des audaces harmoniques, les sursauts de la passion éclatent sans retenue. Déjà tout cela se pressentait dans certaines pages des *Trios* de jeunesse.

Toujours dans le domaine de la créativité, observons que la lutte des thèmes propre au *bithématisme* ne peut se résorber que dans leur réconciliation et l'ascension vers la lumière. À ce dualisme omniprésent des thèmes musicaux, répond symboliquement celui, activé, des forces masculines et féminines. Cette dualité, par ses résonances religieuses et philosophiques, rejoint la question du *Bien* et du *Mal*, dans une reliance du *Ciel* et de la *Terre*, mais parfois au prix d'errances dans une « nuit humaine » éprouvée par nombre de mystiques et d'artistes romantiques.

C'est bien à cette dernière tâche que Franck consacrera l'essentiel de sa vie créatrice après 1870 : affirmer la suprématie du « clair sur l'obscur » – au gré de savantes mutations –, par l'ordonnance du cheminement des tonalités mineures vers celles majeures. Nous le remarquons particulièrement dans la *Symphonie en ré*, dont d'Indy se plaisait à souligner l'idée d'un voyage épique : à l'obscurité originelle du premier mouvement répond l'hymne de lumière et de joie dans le final, sorte de métaphore de la *Cinquième Symphonie* de Beethoven.

Franck ressentait quelque impérieux besoin d'une *fusion* avec le monde de l'esprit, dans une métamorphose de « l'agir » face à la retenue. Dans cet accomplissement apparaît ce que Jean Gallois appelle avec justesse le « troisième Franck », celui des dernières œuvres, épurées de toutes enjolivures ou hésitations...

Car les remous d'un caractère passionné gouverneront son art dès sa jeunesse, dès le *Premier Trio*. Certes, l'époque s'y prêtait, les modèles étaient influents, l'émulation de ses pairs active, mais quel tempérament se révèle dans ce chef-d'œuvre ! Il semble que sa nature par la suite, au moins jusqu'en 1862-1868 (époque de la *Grande Pièce symphonique*), se soit davantage repliée avec quelque besoin inconscient d'exercer un contrôle dans l'expression des sentiments. Ce « raidissement » est le fruit, en grande partie, de la pression et du dirigisme paternel ayant eu des répercutions assurément non négligeables sur le psychisme du musicien. Il était et demeura plus ou moins bridé, voué à un état de soumission qui perdurera et se transposera au fur et à mesure du déroulement de sa vie. De fait, il éprouva un incessant besoin de tutelle, d'une prise en charge au niveau affectif et dans certaines orientations de sa vie.

Il eut, nous le savons, quelques difficultés à bien assumer son indépendance et à savoir se mettre en avant (et encore plus à se mettre en valeur). Il rechercha les âmes fortes comme son épouse Félicité, un guide en la personne de Liszt, dont il se croyait, sans doute plus que de raison, le protégé. Toujours est-il qu'il l'admirait profondément, selon cette confidence faite à une élève en 1885 : « Liszt est la plus riche inspiration musicale de notre temps ».

Quant à ses disciples, ils surent le stimuler au travers d'échanges mutuels. Franck requérait d'eux parfois un conseil pour l'élaboration de certaines œuvres et en était comblé, comme en témoigna Gabriel Fauré (lui dédiant 1876 son *Cantique de Jean Racine*) : « Ceux qui eurent l'honneur de le connaître pourraient dire quelle clarté heureuse mettait sur son bon visage la moindre approbation, vint-elle du plus humble[165] ! » D'une certaine manière, une sorte de tutelle a pu s'établir entre Franck et ses disciples : ils savaient à leur manière diriger leur maître, le protéger aussi de ses détracteurs et de l'aval de sa famille. Tout cela relève d'un jeu subtil de rôle, où le conscient et l'inconscient se disputent parfois le devant de la scène…

Une anecdote concernant une exécution de son *Quatuor*, lors d'une réception faisant suite au festival donné en son honneur à Tournai en avril 1890, nous en dit long à la fois sur son émerveillement face à sa propre musique et sur sa modestie. Il embrassa, très ému, Ysaÿe, l'un des membres du *Quatuor*, croyant sincèrement que le succès de son œuvre reposait seul sur les épaules des interprètes. On lui demanda alors : « Vous êtes tout de même pour quelque chose dans le destin de vos œuvres. – Oui, vous croyez ? fit Franck, sans la moindre ironie, avec un accent sincèrement étonné.[166] »

---

165 Extrait d'un article du *Figaro*, 2 mars 1903.
166 In « Quelques propos du célèbre violoniste belge Eugène Ysaÿe. Autour du jubilé de César Franck », *Le Figaro*, 28 novembre 1922.

César Franck oscilla longtemps – au moins jusqu'à l'éclosion de ses chefs-d'œuvre tardifs – entre renoncement et rebondissement, hésitations et enthousiasmes. Nous savons qu'il resta des années sans composer d'œuvres majeures, après avoir rompu avec son père et s'être marié, également après le départ de Liszt de Paris. Il éprouva un passage à vide, un affaiblissement de ses facultés créatrices en posant, un temps, « la lampe sous le boisseau » : il cherchait sa voie, face à lui-même. Puis il rebondit, dans le domaine de la musique religieuse où les tribunes d'orgue lui offrirent le « devant de la scène » (si l'on ose dire, l'organiste demeurant caché du public !).

Il y trouvera son refuge et une bonne partie de son idéal créatif, de son inspiration.

Sa volonté se manifestait parfois par de vifs éclats en contredisant cette image placide, un peu figée et sa relative abstraction du monde réel : lisons ce témoignage de d'Indy dans lequel Franck « apparaît toujours pressé, trottinant plutôt que marchant par les rues qu'il parcourait distraitement comme il traversa la vie... ».

Georges Franck nous apporte également ce précieux témoignage : « Mon père était la vie même, toujours exigeant, toujours vibrant. Il avait une nervosité excessive, dominée par une volonté lucide et rapide, même dans les rêveries les plus exquises[167]... » étant, ajoute Léon Vallas, « passionné, en vibration continue, en incessante réaction devant les événements ».

Même Vincent d'Indy, panégyriste de Franck, reconnaissait à son maître colères et emportements, surtout pour une cause qu'il voulait défendre.

Voici donc encore une image à oublier : un Franck dans la demi-mesure !

Comment travaillait-il ? Sur ce sujet, Charles Bordes laissa une image étonnante d'un Franck saisi « sur le vif », durant ses vacances à la campagne :

> À ce moment-là, il était véritablement *orgiaque* et il suffisait de le surprendre comme je le fis quelquefois, bramant à son piano et s'échauffant sur ses propres œuvres pour se mettre au diapason, pour voir que la règle et le génie ne sont pas des forces capables de s'entendre toujours[168].

Au fond, fut-il réellement si modeste, si détaché, comme on l'a si souvent répété ?

Selon nombre de témoignages de ses disciples, il apparaissait bienveillant : « L'humilité des grands l'avait mis à l'abri de la *superbe* intolérable de

---

167 In *Revue d'histoire et de critique musicale*, octobre 1901.
168 *La Tribune de Saint-Gervais et Mercure musical*, novembre 1906.

l'homme médiocre parvenu à la réputation. Ni *masque*, ni *plastron* », eut soin de constater Tournemire.

Mais Franck a pu se révéler sûr de lui comme l'indique ce précieux témoignage de Romain Rolland, retrouvant Franck lors d'une audition du *Chasseur maudit* en 1888 : « Il me rappelle toujours davantage Wagner, dont il n'a pourtant pas du tout les traits ; mais c'est le même air de supériorité bonhomme, les gestes brusques, la vivacité, l'œil à la prunelle petite et perçante, la bouche serrée, le sourire, la bienveillance un peu affectée... Dans la salle, ses partisans enthousiastes applaudissent avec frénésie[169]... »

Adulé par les uns, rabaissé par d'autres, tel l'intransigeant Saint-Saëns : « Ah ! Si vous aviez connu ce faux bonhomme, hypocrite, ridicule, sentant la sacristie d'une lieue ! Ses œuvres sont toutes faites de qualités, sauf la vie et l'élégance, sans quoi pour moi il n'y a pas de grand art[170]. »

Apparemment, le candide *Père Franck* n'attachait guère d'importance aux critiques du monde musical : « Il semblait ne pas appartenir au monde qui l'outrageait... Insulté, vilipendé, traîné dans la boue épaisse de mensonge et de bêtise, il n'opposa jamais à la colère et à la peur qu'une admirable et magnifique sérénité[171]. »

Mais il éprouva sans doute également, comme beaucoup d'artistes, des moments d'isolement face aux critiques et au public, dans un moment où l'incompréhension peut devenir douloureuse, où l'identité même vacille, car « aujourd'hui l'artiste ne s'appartient plus ; il est à tout le monde ; il n'est plus qu'une cible, il est une proie (...). En un mot, il est dévoré par le monde[172]... »

Sans doute, quelque trait d'une âme détachée de toute malice habitait Franck avec cette naïveté qui lui faisait ressentir certaines situations de sa vie d'une manière bien différente à la réalité. Par exemple, lors de la création de la *Symphonie en ré mineur*, il sembla se méprendre sur l'accueil glacial du public, selon une confidence faite à son ami Paul Rougaud : « Quelle belle sonorité ! Et quel accueil... »

Loin d'être sarcastique ni excessivement naïve, cette réaction traduit assurément un manque d'objectivité par rapport à la situation, avec ce salutaire repli dans des sphères supérieures, révélant « une âme simple, qui ne croit pas, en se

---

169 In *Mémoires*, Albin Michel, 1956. Voir aussi texte similaire de Romain Rolland dans les annexes.
170 Charles Gounod, extrait d'une lettre à Adolphe Boschot, 24 mai 1918.
171 Alfred Bruneau, *La Musique française*, Fasquelle, 1901.
172 « L'artiste dans la société moderne », in *La Revue de Paris*, 1er novembre 1895.

manifestant, prêter au ridicule ; qui vit dans un rêve très pur et ne soupçonne point qu'elle prête le flanc à la malignité[173]... »

Trois témoignages vont dans le même sens : celui de Simon van Milligen décrivant Franck plongé dans l'écoute de sa musique, étant « tellement ému que son appréciation sur la bonne ou la mauvaise exécution de l'œuvre lui échappait[174] » ; celui d'Ysaÿe, racontant ainsi l'attitude coutumière de Franck, lors de répétitions ou d'exécutions de sa musique : « Jamais je ne vis cet homme si simple, si doux, si modeste, dans une pareille joie. Il buvait littéralement sa musique et ne sut comment exprimer sa satisfaction aux interprètes et plus particulièrement à Ysaÿe... » ; enfin celui de Fernand Baldensperger : « Franck ne voyait et n'entendait que sa musique, et sa musique idéalisée, restant idéale, plutôt, et telle qu'il l'avait rêvée : qu'importaient alors les gaucheries et les défaillances de l'interprétation ?[175]... »

Alors Franck fut-il si indifférent aux honneurs, comme on l'a si souvent prétendu ?

D'une certaine manière oui, puisque des louanges excessives lui paraissaient généralement être presque imméritées. Ses proches insistent, à foison, sur son dédain pour les distinctions : « Il ne brigua pas l'Institut, il ne s'en croyait pas digne ». Sans doute l'insuccès, l'accueil parfois mitigé voire glacé qu'il recevait par rapport à l'adhésion à sa musique le touchaient, tout en sachant selon le mot de Proust, que « l'insuccès ne serait-il pas que le stage nécessaire que doit faire la lumière avant de frapper les yeux qui n'y sont pas adaptés ? ».

Il faut noter que Franck ne fut pas toujours dépourvu d'ambition : en 1878, il soumit sa candidature à Amboise Thomas pour le poste de professeur de composition au Conservatoire, suite au décès de Joseph Bazin, candidature qui demeura sans appel. De même, quelques années plus tôt en 1871, il avait vainement envoyé sa candidature pour le poste donné vacant de directeur du Conservatoire Royal de Bruxelles. Mais comme on dit dans pareil cas, nul n'est prophète en son pays...

Le chemin de vie de Franck nous apparaît long et escarpé, non sans détours et hésitations : comme Rodin, il prit le temps de se trouver, de ramasser la moisson de tout ce qu'il avait su semer, parfois avec maladresse. Eric Lebrun nous le résume magnifiquement : « Il y a parfois dans sa manière et dans son être quelque chose d'inachevé, d'hybride, qui permet à la griffe de prendre avec fermeté.[176] »

---

173 Maurice Emmanuel, *César Franck*, op. cit.
174 *César Auguste Franck*, Tjeenk Willink § Zoon, Pays-Bas, 1899.
175 « César Franck, l'homme, l'artiste et son œuvre », *Le courrier musical*, 15 mai 1901.
176 In *César Franck*, op. cit.

Un chemin de réconciliation

La vie des moines bénédictins est rythmée par le labeur et la prière : *Ora et labora*. L'existence de César Franck se déroula dans un travail soit lent (*Les Béatitudes*), soit quasiment fulgurant (*Les Djinns*, la *Sonate*). À première vue rien de déplacé, d'excessif, d'imprévisible, sans exaltations orageuses comme celles que connut Berlioz, ni des coquetteries s'affichant dans les salons mondains pour être à une place d'honneur.

Franck préférait le calme, avec, pour paraphraser Proust, une « sainte habitude d'être laborieux ». Solitaire, il privilégiait le travail en silence, sachant se réserver un « temps de la pensée », de ressourcement dans la lecture de partitions (comme celles de Wagner).

« Franck est-il un sceptique que la grâce a touché, un violent que la mansuétude évangélique a conquis, mais que des sursauts dévoilent ? » s'interrogea Maurice Emmanuel. Gardons à l'esprit qu'avant d'être effleuré par l'aile de l'archange, le musicien ne demeura pas exempt du monde des passions et de la volupté.

Considérons *Psyché* : par son texte évocateur, l'œuvre peut susciter quelque émoi d'ordre sensuel : « Ne sens-tu pas un doux désir éclore/Dans ton sein agité ?/ Écoute au loin les invisibles lyres/Soupirer doucement dans l'air harmonieux !/Il va venir, l'époux mystérieux,/Dans ton sein virginal,/Verser de saints délires. »

Mais Franck transcende l'amour charnel, le sublimant dans la pureté du monde céleste.

On a souvent opposé la sensualité à l'idéal mystique, révélateur d'un monde d'antagonismes et de ces tiraillements présents dans la morale chrétienne de la fin du XIXème siècle. Ne fallait-t-il pas garder pour autant ce précepte de Saint-Augustin : « Il n'est point de mysticisme sans sensualisme et point de sensualisme sans mysticisme » ?

Le mysticisme s'apparentait à une sorte de courant très présent dès le milieu XIXème siècle : on quittait le libertinage voltairien de l'Ancien Régime pour goûter à cette bienséance bigote présente parfois sous la Restauration.

En 1889, Édouard Schuré publiait *Les Grands Initiés* : ce courant mystique de la littérature se voulait réactif face au positivisme (courant philosophique porté par Auguste Comte) et rejaillira sensiblement sur des personnalités aussi contrastées que celles de Victor Hugo, Gérard de Nerval, Joris-Karl Huysmans, l'apologiste chrétien Ernest Hello. Il se teinta même d'une touche d'ésotérisme, sans parler d'occultisme, circulant dans les écrits de Joséphin Peladan (fondateur en 1888 de l'ordre kabbalistique de la Rose-Croix), de Stanislas de Guaïta, du Docteur Papus, d'Allan Kardec etc.

Ce que les écrivains, philosophes et nombre de musiciens poursuivirent dans un même élan et malgré des approches différentes, pouvait s'apparenter dès lors à un idéal : pour les plus croyants, il s'agissait de ce qu'Ernest Hello nomma « la présence universelle de Dieu ».

Vers la fin de sa vie, Franck a été parfois perçu comme quelque mystique se complaisant dans des sphères élevées, n'étant « guère de ce monde, cherchant à s'en affranchir sans cesse[177] ». Certes, il connut la lutte, le combat de Jacob avec l'ange, l'omniprésente confrontation du « Bien et du Mal », si révélatrice de ce conflit existentiel présent chez nombre de romantiques. L'un des meilleurs exemples restera illustré dans la *Septième Symphonie* pour 2 orchestres (1841) de Louis Spohr, intitulée « Le terrestre et le divin dans la vie humaine ».

Si ce besoin de réconcilier le terrestre et le divin anima Franck dans sa trajectoire créatrice, ajoutons que son chemin spirituel, se situant bien au-delà du religieux, reste marqué par l'amour et la foi en l'homme, dans un besoin à la fois de métamorphose et de transcendance. Ce sujet resta l'une des préoccupations fondamentales de nombreux musiciens de l'époque, tels Bruckner ou Mahler. Mais à l'inverse des *Béatitudes* de Franck, pour Richard Strauss dans la sixième et dernière partie de son poème symphonique *Une Vie de Héros* (1898) – intitulée *La Fuite du Monde et Parachèvement du Héros* –, l'homme se transfigure sans que l'idée christique soit vraiment exprimée.

La question concernant le véritable sentiment religieux de Franck souleva toujours d'incessantes interrogations, sur lesquelles Romain Rolland apporta un éclairage assez satisfaisant : « Sur la foi religieuse, il ne saurait y avoir doute : c'était la base de sa vie ; mais elle était chez lui bien plus un sentiment qu'une doctrine (tout était sentiment chez Franck ; presque rien n'était idée) : elle ne gênait en rien sa pensée[178]... »

Vis-à-vis du christianisme, son attitude peut se rapprocher de celle de Chateaubriand publiant (en 1802) son ouvrage apologétique *Le Génie de Christianisme*, s'apparentant davantage à une tendance spiritualiste qu'à une stricte adhésion au dogme religieux. Franck s'intéressait à la morale évangélique présente, en particulier, dans les écrits de Tolstoï (qu'il lisait) ou dans *La vie de Jésus* d'Ernest Renan (1863).

On sait qu'il consulta ce dernier ouvrage, influencé par son fils Georges, notamment pour l'élaboration des *Béatitudes* : certains lui en firent le reproche, à l'instar de d'Indy. *La vie de Jésus* souleva l'indignation des milieux catholiques car

---

177 Jean Gallois, *César Franck*, op. cit.
178 In *Musiciens d'aujourd'hui*, op. cit.

Renan faisait apparaître Jésus comme une haute personnalité morale, en rejetant sa divinité et toute intervention surnaturelle.

Éloigné finalement de toute spéculation philosophique ou métaphysique, Franck montrait une indépendance d'esprit, un relatif libéralisme, voire un certain panthéisme. Pour lui, musique et spiritualité révélaient davantage l'esprit que la lettre du sentiment religieux : en un sens, on pourrait le rapprocher davantage d'un François d'Assise que d'un Thomas d'Aquin.

Comme nous l'avons déjà souligné à plusieurs reprises, il procéda plus par intuition que par raison, avec un excès d'idéalisme parfois raillé par ses détracteurs.

Ces derniers ont-ils bien perçu et surtout compris cette oscillation permanente dans sa musique, entre le monde subtil de l'esprit et celui des sens ?

Pour les uns, il fut trop « dévot », pour d'autres sa démarche créatrice relevait d'une tendance spiritualiste trop éloignée du dogme. S'il ne livra jamais explicitement une quelconque codification de sa pensée religieuse ou de ses points de vue en général, c'est sans doute que la musique lui suffisait pour exprimer sa foi et toucher l'âme d'autrui : « Devant les œuvres de César Franck, moi qui n'ai pas la foi et ne crois point à son Dieu, j'éprouve ce trouble puissant, cette admiration redoutable que me donne le spectacle des cathédrales de Bruges, de ces montées, en acte de foi, de la pierre rouge dans l'infini du firmament », confia Octave Mirbeau.[179]

Du haut de sa tribune de Sainte-Clotilde, porteuse d'inspiration, Franck exprima de la meilleure façon son idéal mystique, étant en parfaite adéquation avec le lieu et l'instrument : « Si vous saviez comme je l'aime mon orgue. Il est si souple à mes doigts et si docile à mes pensées.... ».

Les témoignages et souvenirs abondent, parfois lyriques, comme celui de Fernand Baldensperger : « Sa musique y révèle l'expression d'une méditation qui dans un élan de lyrisme, s'abstrait de la réalité matérielle et se meut entre l'apaisement et l'extase.[180] »

Parlons aussi d'une anecdote, rapportée par Léon Vallas, concernant la rencontre de Franck avec l'un de ses amis (le marquis de Freycinet) sur le chemin de Sainte-Clotilde. Le musicien lui prit le bras en disant : « Venez avec moi et ne me parlez pas ! J'ai entendu cette nuit des choses célestes et je ne veux pas les oublier ! »...

---

179 In *César Franck et Monsieur Gounod*, Le Journal 27 décembre 1896, Chroniques musicales, Séguier-Archimbaud, 2001.
180 In *César Franck, l'homme, l'artiste et son œuvre*, op. cit.

Pour l'orgue Cavaillé-Coll de Sainte-Clotilde, avec ses timbres si consubstantiels à sa musique, Franck tissa de grandes fresques appréciées bien au-delà du monde musical : « Admirables pièces pour orgue dans lesquelles je me plonge et me replonge chaque soir[181]... »

Et plus encore, l'improvisateur subjugua : « Et voilà que l'organiste de Sainte-Clotilde m'a transporté, m'a soulevé au-dessus de ce monde, m'a fait entendre des accords ineffables, puissants, délicats, extraordinaires[182]... »

---

181 André Gide, *Journal*, 1902, Folio, Gallimard, 2012.
182 Charles Tournemire, *Mémoires*, édition critique, Chroniques, Les Amis de L'Orgue n° 321–324, 2018.

Postlude

Si César Franck fut porté vers un monde suprasensible, il n'ignora nullement la traversée des souffrances humaines et surtout leurs exigences, leur gravité. Même touché par la grâce, il demeura profondément humain dans son combat entre les forces terrestres et célestes, afin de ne plus les opposer mais de les réunir. Il resta animé par *l'esprit* évoquant le souffle, le vent – dans le sens propre au terme latin *spiritus* –, sachant mesurer le prix de la persévérance pour atteindre à ce « détachement des choses temporelles » (Pascal), œuvrant à sa manière pour l'humanité, en pressentant, sans doute que « les contemplatifs ne sont pas étrangers aux destinées du monde[183]... ».

L'itinéraire spirituel de Franck déploie largement son aile de la terre vers le ciel. Il lui suffit, comme dit Goethe, de « lever les yeux au ciel de l'âme » pour devenir sublime : *Prière, Cantabile, Trois Chorals* pour orgue, *Quatrième* et *Huitième Béatitudes*, *Larghetto* du *Quatuor*...

À l'attention de son jeune élève Louis Vierne, pensionnaire à l'Institut des Jeunes Aveugles, il eut cette confidence : « Ailleurs, cela chante mieux encore, mon cher enfant : ici nous apprenons ; là-bas nous saurons. »

[183] Ernest Hello.

L'idéal humaniste de César Franck, magnifié dans sa musique, ne pouvait trouver sa raison d'être que dans ce désir, manifesté toujours avec droiture et humilité, de vouloir « rendre humaines les choses divines et divines les choses humaines[184]... »

Franck à Sainte-Clotide
Dessin original de Victor WELLER, 2022

184 Selon Pablo Casals.

Annexes

Annexes

César Franck au fil des portraits

Maurice Emmanuel

« La noblesse de son caractère apparaît juste dans certaines dédicaces déconcertantes, quand on a connu l'attitude hostile envers Franck, des artistes sont sa main s'est plu à tracer le nom. Il ignora la jalousie ; il se montrait heureux des succès de ses émules, mêmes des plus jeunes d'entre eux, lorsqu'il pouvait aimer leur musique ; et il s'abandonnait au plaisir d'écouter les œuvres nouvelles avec une ardeur demeurée juvénile. [185] »

Ernest Chausson

« L'avenir jugera la place que doit occuper M. Franck. Nous n'avons pour le moment ni la liberté d'esprit ni le recul nécessaires pour tenter une classification de ce genre. Qu'il nous suffise de savoir qu'il est de la race de ceux qui considèrent l'Art comme une des manifestations les plus élevées de l'esprit humain, et

---

185 In *César Franck*, Henri Laurens éditeur, 1930.

l'artiste comme une dépositaire qui ne doit pas gaspiller les dons qu'il a reçus de la nature.[186] »

Augusta Holmès

« Vous êtes bien de la race des maîtres profonds qui vivent face à face avec leur rêve, ne se laissant pas distraire et amoindrir par aucun bruit de la vie.

Vous l'aurez, votre place parmi ceux-là, et elle sera bien haute, je le crois ![187] »

« Mon cher et illustre maître César Franck était vraiment un saint. Il ignorait le mal et vivait à l'écart dans une sorte d'ermitage, dans un lointain quartier (...), je dois ajouter qu'il était même unique dans son enseignement. Il ne substituait jamais sa propre manière de penser à celle de ses élèves. Après leur avoir ouvert la voie, il les laissait entièrement libres. »

Théodore Dubois

Théodore Dubois (1837-1924) ne fut pas élève de Franck mais il subit son influence. Maître de chapelle à Sainte-Clotilde, il succéda à Saint-Saëns à la tribune de la Madeleine. Grand Prix de Rome, il enseigna l'harmonie et la composition au Conservatoire de Paris. On lui doit un célèbre Traité d'harmonie. Il nous parle de Franck.

« L'extérieur de l'artiste était peu en harmonie avec son talent, avec son génie. N'était le regard vif plein d'intelligence et de feu, on l'eût plutôt pris au repos pour quelqu'honnête bourgeois provincial. Mais dès qu'il parlait, il se transformait, fixait l'attention par la conviction, par l'ardeur de sa parole, par ses aperçus élevés sur l'art, sur la littérature, devenait persuasif, presque fascinateur ; on sentait qu'on était en présence d'une puissance, d'une volonté ! Il est du reste peu de jeunes artistes l'ayant approché qui n'aient subi à un degré quelconque son influence.[188] »

---

186 In *César Franck*, *Le Passant* n° 89, mars 1887.
187 Extrait d'une lettre à Franck du 10 juin 1880.
188 In *Souvenirs de ma vie*, Symétrie, 2009.

Vincent d'Indy

« Assiduité constante dans le travail, modestie, conscience artistique, tels furent les points saillants du caractère de Franck : mais il est encore une qualité bien rare, celle-là, qu'il posséda à un très haut degré, ce fut la bonté, l'indulgente et sereine bonté.[189] »

Claude Debussy

« On a beaucoup parlé du génie de Franck sans dire jamais ce qu'il a d'unique, c'est-à-dire l'ingénuité. Cet homme qui fut malheureux, méconnu avait une âme d'enfant si indéracinablement bonne, qu'il put contempler sans jamais d'aigreur la méchanceté des gens et la contradiction des évènements (...) Chez C. Franck, c'est une dévotion constante à la musique, et c'est à prendre ou à laisser.[190] »

Louis Vierne

« J'avais pour César Franck un culte fait d'admiration passionnée, d'affection filiale et de respect profond. Je subissais avec une joie intense, d'où cependant n'était pas exclue une sorte de crainte mystérieuse, la fascination quasi magnétique qui émanait de cet homme pourtant si simple, si nature, si vraiment bon.[191] »

Charles Tournemire

« La bonté de César Franck était incommensurable. S'il vivait pour l'art transcendant, il savait néanmoins se pencher sur la vie de ceux qui venaient à lui. Il possédait, à un degré éminent, l'intelligence du cœur.

N'embrassait-il pas avec force, à la fin d'une « bonne » leçon, l'élève réceptif et vibrant ? Moments inoubliables.[192] »

---

189 In *César Franck*, op. cit.
190 In *Les Béatitudes de César Franck*, Gil Blas, 13 avril 1903.
191 In *Souvenirs*, op. cit.
192 In *César Franck*, op. cit.

Henry Gauthier-Villars, dit Willy

« Ce fut un pur artiste que César Franck (...). Il demeura probe, inattaquable, fièrement voué aux plus ingrats labeurs, passionné pour son art seul. Il voulut ignorer les préférences de la foule, les enjouements des dilettantes, plus injustes peut-être que la foule. Et les eût-il connus, il se serait peu soucié de les satisfaire. Il vécut, hors du monde, étranger à la curée des appétits, et les compositeurs en quête de bravos, ceux qui exploitent la Muse et la contraignent de se prostituer à tous, n'eurent pas assez de dédains, de railleries, de pitié méprisante pour ce pauvre de génie.

Or, ce pauvre est mort aimé – combien pieusement, combien profondément ! – d'un petit nombre de fidèles, à qui dix chefs-d'œuvre authentiques de sa pensée et de son cœur avaient révélé un univers nouveau, des impressions souveraines, d'ineffables émotions (...).

Aujourd'hui, nul ne conteste plus le maître longtemps obscur. Les chefs d'orchestre, les amateurs, les critiques, le public, qui oublièrent Franck de son vivant, qui traitèrent de haut cet artiste admirable pour lequel la composition d'une sonate était le grand évènement de l'existence, s'efforcent d'exécuter, d'apprécier, de comprendre ses œuvres.[193] »

Romain Rolland

Romain Rolland (1866–1944), écrivain et Prix Nobel de littérature en 1915, raconte sa première visite à Franck (28 mars 1888).

« J'ai une courte conversation avec lui. Je fus frappé de son ton d'orgueil démesuré ; Très aimable, d'ailleurs. Un grand vieillard sec, vif, alerte, souriant de toute sa grande bouche qui montre ses dents petites et espacées, de grands yeux vifs ; une petite tête, un peu grimaçante, encadrée de favoris gris – (on voit, dessous la peau, la tête de mort). – La parole rapide, un peu nasillarde, assez sonore. Il me fait songer à Wagner, ce vieillard alerte, agité, orgueilleux avec naïveté et bonne humeur. J'imagine que Wagner eût parlé ainsi :

   – "Vous aimez la musique. Vous faites bien, c'est bien, de votre part. Je vous fais mes compliments..."

---

193 In *Rythmes et rires/L'ouvreuse du cirque d'été*, Bibliothèque de la Plume, 1894.

"Et vous avez entendu ma messe ? Vous avez été content. L'exécution a été bonne. Cela a dû vous faire plaisir... Et la connaissiez-vous déjà ?... Non ? Vous feriez bien de la jouer... Vous savez, elle est bonne à lire, elle est bonne à lire..."

"Et vous n'êtes pas le seul, à l'École Normale, à admirer ma musique ?... Allons, j'espère qu'elle se répandra..." (Là-dessus un geste qui en disait large...).

Le tout, en souriant et montrant ses dents menues et pointues, sans hésitation, sans éclat de voix, comme si c'était l'évidence même.

Il me demande mon adresse ; et, pour me la faire écrire, il me fait entrer dans le salon (...).

– "Quand êtes-vous libre ?... Vous êtes libre, cette semaine ?... Eh bien, je vous enverrai un billet de concert pour samedi. On jouera Le *Chasseur maudit*, que vous connaissez sans doute (...). Et le 5 avril, serez-vous encore en congé ?... Eh bien, je vous enverrai un billet... On joue mon quintette..."

Me reconduisant à la porte :

– "Allons, j'aurai au moins fait cela..."

Il avait l'air d'un homme convaincu de la beauté des œuvres du grand artiste César Franck, dévoué à la cause de César Franck, content s'il a pu lui rendre quelque service... (...).

Une porte qui s'entrebâille ; sous un bonnet, sur un long cou, une tête sèche : Madame Franck...[194] »

Sylvain Dupuis

Né à Liège, Sylvain Dupuis (1856–1931) musicologue et compositeur, fut chef d'orchestre du Théâtre de la Monnaie à Bruxelles et directeur du Conservatoire royal de

---

194 In *Mémoires*, Albin Michel, 1956.

> *Liège. Il relate ici sa première rencontre avec Franck en 1883, lors d'un concert au Conservatoire de Paris.*

« Quelle joie je ressentis à ce moment où ses traits me frappèrent !... Je n'oublierai jamais son grand front, ses yeux bons, au regard plein de finesse, sa bouche expressive ; je n'oublierai pas son accueil simple et cordial (...).

Un autre jour, j'étais encore chez lui ; il me remet une partition et, caressant complaisamment la couverture : "Prenez ", dit-il, "C'est ce que j'ai fait de mieux". Et j'emportai, ornées d'un mot affectueux, **Les Béatitudes**, qui venaient d'être publiées.[195] »

---

195 In *Bulletin Classe des Beaux-Arts*, 1919.

Textes inédits

Henri Büsser parle de Franck

Henri Büsser (1872–1973) compositeur et organiste, fréquenta la classe d'orgue de Franck en 1889. Il nous livre quelques souvenirs inédits, jamais publiés et racontés à la radio en 1958.

« Quand on pénétrait dans la classe de César Franck, il y régnait un silence religieux ; on avait l'impression d'entrer dans une chapelle mystique. César Franck faisait travailler surtout l'improvisation de la fugue et l'improvisation du thème libre. Le côté exécution le laissait un peu froid. Quand un élève trouvait une jolie modulation, un enchainement harmonique joli, le maître penchait sa tête et disait "j'aime, j'aime" ; mais quand un élève pataugeait et était maladroit, il le repoussait presque brutalement des claviers, il s'installait à sa place et alors, sous ses doigts, tout devenait magique, divin. On était transporté dans un monde irréel. Nous étions à, ce moment-là douze élèves à la classe d'orgue (...).

Il faut que je vous raconte un incident particulier : un lundi matin, César Franck arriva à la classe et nous dit ceci : "Mes enfants, je suis allé hier à la Société des Concerts écouter la *Psyché* de notre directeur M. Ambroise Thomas. Quel joli sujet ! Quelle musique ravissante ! Aussi, après l'exécution suis-je allé féliciter notre cher maître, notre cher directeur."

Or à ce moment-là, le cher père Franck avait écrit sa *Psyché*, son poème symphonique pour chœurs et orchestre qui est une manière de chef d'œuvre et qui avait été accueilli d'une façon assez fraiche au Conservatoire, tandis que l'on jouait celle d'Ambroise Thomas qui est certainement l'une des œuvres les moins personnelles du musicien de *Mignon*, alors que la *Psyché* de César Franck est devenue une œuvre classique (...).

J'ai un souvenir assez curieux que je tiens de Madame Gounod, fille de Pierre-Joseph-Guillaume Zimmerman, professeur de piano au Conservatoire. Zimmerman avait dans sa classe deux jeunes garçons qui s'appelaient l'un Joseph, l'autre César, fils de M. Franck. Le père Franck avait confié ses fils à Zimmerman et il vint un jour lui demander des renseignements sur le travail de ses enfants. Il faut vous dire que Joseph Franck n'a jamais été qu'un petit organiste de banlieue, très modeste et il n'a jamais eu le renom et la gloire de son ainé. Le père Franck dit à Zimmerman : "Que pensez-vous du travail de mes enfants ?" et Zimmerman lui répondit :

> "Oh, je suis très content de Joseph, il fait des progrès, il travaille assidument. Quand à César, il est perpétuellement dans les nuages et je n'obtiens de lui aucune assiduité". Alors le père Franck, se tournant cers César, lui dit : "C'est ainsi que vous vous comportez César ? Eh bien, en rentrant vous aurez le fouet !"

Et en rentrant à la maison paternelle, César Franck, qui avait quatorze ans fut fouetté vigoureusement. Ce qui ne l'empêcha pas trois mois après, d'obtenir le Premier Prix de piano au Conservatoire (...).

Quand j'ai été élève au Conservatoire d'Ernest Guiraud (à la classe de composition), on me disait quelquefois : "On voit que tu es chez le père Franck, tu as des harmonies et des modulations à la Franck !"

On me cherchait querelle car à ce moment-là, on croyait que c'était un mauvais lieu que la classe d'orgue de Franck ; on y apprenait des choses trop modernes, il était tout à fait à l'avant-garde de la musique française. »

Gustave Charpentier et la classe de Massenet

Gustave Charpentier (1860–1956) fut élève de Massenet et célèbre compositeur de Louise. Il relate « l'intrusion » de César Franck dans la classe de Massenet, au Conservatoire.

« Quelqu'un frappe à la porte de la classe, puis l'entrouvre précautionneusement. Quel étonnement pour le nouveau venu que je suis, de reconnaître aussitôt ce visiteur. C'est César Franck qui vient voir si, parmi les élèves récemment reçus chez Massenet, il ne s'en trouve pas qui songeraient à s'inscrire pour entrer dans la classe d'orgue. J'ai assisté plus d'une fois à la même scène. Je revois le "Père Franck", ainsi que nous l'appelions avec une familiarité où nous mettions une nuance affectueuse et aucun grain d'irrévérence, ouvrant doucement la porte et avançant une tête timide… Il parcourait du regard la classe, un regard à la fois curieux et inquiet du père bénédictin un peu gêné de frôler le seuil d'une officine notoirement consacrée à la préparation de ce produit dangereux : la musique de théâtre. Curiosité et crainte, ces deux sentiments (si souvent complémentaires l'un de l'autre !) que nous emblait refléter le visage du "Père Franck" étaient bien ceux qui devaient se partager son âme au contact ou même au seul effleurement des secrets d'un art essentiellement profane et que l'on ne se plaisait que trop, dans son entourage, à lui représenter comme foncièrement hostile au sien.

Généralement, il ne bougeait guère du pas de la porte, d'où il contemplait une minute la rangée des futurs compositeurs d'opéra, avant de se résoudre à poser tout haut la question que sa muette exploration de notre petit groupe venait déjà de formuler silencieusement : "Personne pour ma classe ?"[196] »

« Souvenirs de famille » de Félix Boutet de Monvel

Administrateur du théâtre des Variété, Félix Boutet de Monvel (1861–1939) cousin de Franck, était le frère de la pianiste Cécile Boutet de Monvel, élève et interprète de Franck. Ces « Souvenirs » n'ont jamais été publiés intégralement et nous en présentons quelques extraits significatifs, avec l'aimable autorisation de la famille Geffroy,

---

196 In *Mémoires* (inédits).

descendants de Franck, d'après une archive qui leur a été transmise par leur cousine Isabelle Brissaud.

« Notre grand salon était devenu le centre de réunion de la famille. C'est à cette époque que remontent mes premiers souvenirs musicaux du cousin Franck. Quelles soirées ! Quand il venait avec son fils Georges jouer à quatre mains tout ce qui paraissait alors en nouveautés musicales. Il était le premier à rendre justice à ses confrères, sans jalousie et sans mépris pour ce qu'ils avaient écrit, qu'ils fussent Gounod, Saint-Saëns ou Massenet. Avec quel plaisir il nous faisait entendre à quatre mains, avec Georges : les Danses de Brahms, les morceaux symphoniques de Saint-Saëns (la Danse macabre, le Rouet d'Omphale, le char de Phaéton, ses variations symphoniques sur un thème de Beethoven) et d'autres choses encore. Toutes les symphonies de Beethoven, de Mozart, de Schumann, de Mendelssohn, ils nous les jouèrent à quatre mains, combien de fois !

Avec quelle conviction, avec quelle simplicité, le cousin Franck nous faisait entendre et admirer la musique des autres ! Son fils Georges, qui n'avait en réalité, je crois, qu'un instinct musical merveilleux, avait une facilité prodigieuse à déchiffrer et tenait étonnamment sa partie, à côté de son père. Il n'avait fait que des études musicales très rudimentaires, mais il avait le génie du déchiffrage et avec cela des mains de pianiste extraordinaires. Ses yeux étaient comme des pistolets braqués sur la musique quand il déchiffrait. Et quelquefois il y avait entre le père et le fils des discussions très cocasses.

Que de fois le cousin César a-t-il accompagné au piano le 1er acte de Mireille que nos frères, nos sœurs et nos cousines chantaient ! J'entends encore ses admirations pour la partition de Gounod. N'est-ce pas lui encore qui nous a fait connaître toutes les premières œuvres de Massenet, ses délicieux poèmes pour la voix (poèmes d'amour, d'avril, poème pastoral et autres) ? Il avait l'admiration facile et sincère et sans restriction pour ses confrères, qui avaient le succès si facile, alors que le public avait tant de difficulté à accepter d'entendre sa musique à lui et qu'il la discutait tant quand il l'avait entendue, quand il l'avait écoutée.

Je me rappelle une exécution de Ruth au Grand-Hôtel avec Madame Battu une grande cantatrice d'alors, exécution qui lui coûta très cher. Je me rappelle aussi une exécution de Rédemption au Théâtre Ventadour, qui lui avait coûté bien plus cher encore. Tout cela, c'était des coups d'épée dans l'eau. Il n'était pas plus avancé qu'avant. Le public ne comprenait pas, et les confrères qui, eux, comprenaient avaient intérêt à ne pas proclamer la supériorité de ses œuvres.

Mais, dans la famille même où l'on avait pourtant conscience de la grande valeur de sa musique, on était bien loin de ne pas la discuter. On ne doutait pas que le cousin César n'eût beaucoup de talent, mais on n'avait pas encore la foi qu'il était un grand musicien. L'oncle Félix Féréol, qui était certainement un des plus ardents à l'applaudir, discutait plus tard sa sonate et son quintette.

« Ce diable de César s'entête à . . . Il ne veut pas voir que. . . » Que de fois ai-je entendu ces mots ! « Ce diable de César » était tout simplement un grand maître qui écoutait sa voix intérieure sans se soucier d'autre chose. Et quelle modestie cependant à côté de sa grande foi dans cette voix qui chantait en lui !

Il faut l'avoir connu comme nous l'avons connu pour savoir à quel point il était modeste.

Il y eut des exécutions de sa musique qui furent des désastres : il ne s'en rendait pas compte. L'accueil avait été glacial ; il ne s'en apercevait pas. Sa musique était sifflée ; il n'entendait pas les sifflets. Il avait écouté sa musique, et il n'entendait qu'elle. S'il avait l'approbation de quelques fidèles élèves, cela lui suffisait. Il avait une admirable indulgence, une profonde reconnaissance pour tous ceux qui lui donnaient la joie d'entendre exécuter ses œuvres. C'était une joie si rare pour lui.

Je me rappelle pourtant avoir entendu raconter par nos parents qu'un jour, après une répétition de Rédemption que Colonne devait exécuter à l'Odéon en même temps que la Marie-Madeleine de Massenet, il était rentré chez lui pour s'effondrer en larmes dans un fauteuil.

Colonne qui a été pourtant un vrai Franckiste, et à qui on dut après la mort de Franck l'exécution des Béatitudes au Châtelet – Colonne avait consacré à l'œuvre de Massenet la plus grande partie de la répétition (et c'était la dernière !) et Rédemption avait été répété à la hâte, et par dessous la jambe, l'orchestre manifestant la plus mauvaise volonté pour la musique de Franck. Le pauvre cousin César n'avait rien osé dire, mais il était sorti désespéré de cette répétition. Cette minute de découragement et de désespoir fut unique, je crois, dans sa vie.

Cet homme eut la plus belle âme d'artiste qui puisse être, une âme d'une simplicité telle que bien peu l'ont comprise.

Il eut la vie la plus laborieuse et la plus pénible et il l'a vécue, cette vie, avec un sourire d'ange. Les plus merveilleux accents de sa musique ont été des accents célestes.

Dès son enfance, qui a été celle d'un enfant prodige, il a été cruellement exploité par un père qui entendait vivre sur lui. Père eut toujours une bien mauvaise réputation dans la famille. Ayant un fils qui avait tout d'un pianiste prodige (on avait dû créer pour lui au Conservatoire un premier prix hors concours, ce qui depuis ne se reproduisit jamais), il entendait l'exploiter comme prodige virtuose et ne le laisser aucunement se diriger vers la composition, vers laquelle il était attiré.

Le petit César Franck, lors de son concours de piano, ne s'était pas contenté de déchiffrer à première vue une fugue, il l'avait transposée en la déchiffrant. C'était là un coup d'audace que personne n'avait jamais réalisé avant lui, et c'était là l'indice de dons tout à fait exceptionnels, en dehors de toute virtuosité pianistique.

César Franck rêvait plus, beaucoup plus que d'être un virtuose. Il voulait écrire, – et de cela son père ne voulait pas entendre parler. Ce fut entre le père et le fils une lutte dans laquelle le père se montra féroce et le fils bien courageux. On peut se demander comment le fils put triompher dans cette lutte n'ayant aucune ressource qui lui permît une existence indépendante. En dehors des concerts où il le produisait, le Père Franck lui faisait donner des leçons de piano, et le malheureux César courait de leçon en leçon du matin au soir, ce qu'il fit d'ailleurs jusqu'au bout de sa vie, car son œuvre admirable lui coûta beaucoup d'argent sans jamais rien lui rapporter.

Comment fut-il mis en rapport avec la cousine Tété (Félicité Desmousseaux), voilà ce que j'ignore. Mais ce que je sais c'est que la cousine Tété devint l'élève de César Franck et que ses leçons de piano se terminèrent par le mariage de l'élève avec le Professeur. Et c'est ainsi que la famille eut la gloire de compter César-Auguste Franck de Liège parmi les siens. C'est de ce nom que furent signées ses premières œuvres musicales.

J'ai entendu raconter par la Tante Claire Brissaud, qui était la grande amie d'enfance et la confidente de la cousine Tété et qui assista à l'éclosion de la flamme de l'élève pour le professeur, les émotions de la cousine Tété pendant ses leçons.

La cousine Tété était une élève modèle, mais jamais contente d'elle, et elle avait la larme facile en travaillant son piano. Elle arrosait facilement son piano de ses larmes. C'était parfois de grands désespoirs. Et alors le Père Desmousseaux ouvrait la porte en poussant des hurlements de désespoir pour singer sa fille. Et c'était parfois au milieu de pareil concert lacrymatoire que le professeur arrivait donner sa leçon. Mais de là au mariage il y a loin et nous n'avons jamais su de nos parents par quels chemins l'élève et le professeur y étaient arrivés.

Le cousin César se cachait de son père pour composer. Il ne pouvait le faire qu'en dehors de la maison paternelle. Et pour ce, il courait pour aller d'une leçon à une autre et gagnait ainsi 15 ou 20 minutes qu'il employait à composer, assis sur une marche de l'escalier de son élève.

Mais un jour son père découvrit dans ses papiers la mélodie de l'Ange et l'Enfant. Ce fut alors une scène terrible et le Père Franck déchira en mille miettes cette mélodie délicieuse que nous avons tous entendu chanter par la suite et chantée nous-mêmes.

Son mariage lui rendit heureusement une liberté d'action qui lui permit de se livrer plus facilement à la composition. Mais cette liberté restait encore bien relative car il fallait vivre et ce ne fut jamais qu'entre ses leçons qu'il pouvait composer et ces leçons furent jusqu'à la fin de sa vie son unique gagne-pain avec sa situation d'organiste de Sainte-Clotilde et sa situation de Professeur au Conservatoire.

Ses leçons de piano commençaient à huit heures du matin et finissaient à sept heures du soir. Ses soirées se passaient à écrire sur le papier à musique les géniales idées qu'il avait ruminées toute la journée en omnibus et en attendant l'omnibus. Quel autre musicien composa des chefs-d'œuvre dans de semblables conditions ? Pauvre misérable grand musicien ! C'est ainsi que sortirent de son cerveau toutes ses admirables œuvres. Cela explique comment il les fixa si tardivement dans leur forme définitive.

Il lui fallait une grande foi dans son œuvre pour avoir le courage au milieu de sa vie de labeur incessant et si maigrement rémunéré de persévérer sans rancœur, sans fiel et dans un rayonnement de bonté.

Il avait heureusement autour de lui un groupe d'élèves qui avaient la foi la plus profonde dans leur Maître et le culte de celui qu'ils appelaient avec respect et piété « Le Père Franck ». Il était bien en effet leur père à tous : c'étaient d'Indy, Chausson, Duparc, de Castillon, de Bréville et quelques autres encore. Ils l'admiraient religieusement et furent certainement pour beaucoup dans son courage et dans la foi qu'il avait en son œuvre.

Il fallait entendre l'accent modeste avec lequel il disait « Je suis content » en parlant de l'œuvre qu'il venait de terminer ou de l'œuvre à laquelle il travaillait. Il ne lui venait pas à l'esprit qu'il pût avoir du génie. Du génie, il en trouvait aux autres ; mais pour lui-même il se contentait d'être content. Il avait réalisé, il réalisait ce qu'il avait voulu et il était content : voilà tout. Il n'était pas de ces créateurs qui sont convaincus qu'ils ont écrit un chef-d'œuvre chaque fois qu'ils ont pondu quelque chose. J'ai connu quelques musiciens d'opérettes et quelques auteurs dramatiques comme ça. Et la joie d'avoir réalisé ses idées musicales lui suffisait. Il ne lui venait pas à l'esprit d'en tirer quelque profit matériel. Il était trop heureux si l'on voulait bien l'exécuter ou l'éditer. Aussi fut il exploité sa vie durant par les éditeurs de musique. Ces Messieurs n'acceptaient de l'éditer qu'à la condition qu'il leur abandonnât tous ses droits sur la vente de son œuvre.

C'est ainsi que tant d'entre eux se sont enrichis après sa mort quand on se décida enfin à lui rendre justice.

L'œuvre de César Franck est aujourd'hui classique. Sa musique de chambre fait partie du répertoire de tous les violonistes et de tous les pianistes, comme de tous les orchestres.

Les éditeurs ne se contentent pas de vendre ses œuvres sans faire participer les héritiers : ils les transforment, ils en font faire des arrangements de toute sorte.

Deux éditeurs seuls ont compris qu'ils devaient, devant les bénéfices qu'ils réalisaient, abandonner aux héritiers de César Franck une partie de leurs bénéfices. Ce sont deux Juifs : Enoch et Choudens. Quant à Hamelle et Durand, l'un protestant, l'autre catholique, ils n'ont jamais rien voulu savoir. Gloire aux Juifs ! Enoch seul (Enoch et Costallat), seul de tous les éditeurs parisiens, a pensé de son vivant à payer de la musique à César Franck. Il devrait avoir sa statue dans Paris. Il lui commanda en 1890, cent pièces d'orgue à raison de cinq francs la pièce d'orgue, qui devaient constituer le recueil du « Petit organiste » qui, aujourd'hui, est l'école de tous ceux qui travaillent l'orgue.

Cinq francs la pièce d'orgue ! Cinq francs ! Cela a l'air d'une plaisanterie : il ne semble pas que cela puisse être possible. Et cela est pourtant. Et il fallait voir la figure épanouie du cousin Franck en annonçant cette nouvelle à tous les siens. On lui eut offert 500 francs de la pièce d'orgue qu'il n'eût pas été plus heureux. C'était la première fois que sa musique allait lui rapporter quelque chose ! Il partit vite à Nemours, chez la Tante Claire Brissaud, pour composer ces cent pièces d'orgue. Il en composa 60 en un mois. La maladie qui s'attaqua à lui dès son retour à Paris ne lui permit pas d'en composer davantage et il mourut sans avoir pu écrire ses cent pièces d'orgue. Il lui avait donc fallu attendre sa mort pour gagner un sou avec sa musique qui plus tard fit la fortune en partie de ses éditeurs.

J'ai dit le silence organisé par ses confrères sur la valeur de son œuvre. J'ai dit comme, au contraire, il était le premier à leur rendre justice.

La veille ou l'avant-veille de sa mort, sachant que l'on avait donné la première représentation de la reprise de Samson et Dalila de Saint-Saëns, qui avait été un four à la création, il demanda à ceux qui étaient auprès de lui si l'opéra avait été bien accueilli et comme on lui disait que ç'avait été un gros succès : « Ah ! Que je suis bien content, dit-il, parce que c'est une belle œuvre ! ». Au moment où il s'en allait, cet homme qui n'avait jamais connu de succès était heureux de celui d'un confrère ! Et ce confrère était celui-là même qui, plus tard, se refusait à prendre part à la souscription ouverte pour l'érection d'un monument à César Franck, prétendant que le Maître acclamé depuis sa mort était néfaste à l'École Française. Pauvre misérable Saint-Saëns, il ne soupçonnait pas qu'il ne survivrait pas grand-chose de son œuvre personnelle et que César Franck l'effacerait tout à fait un jour.

Je me rappelle avoir entendu le cousin Franck nous dire un jour sa joie de ce que Gounod lui avait demandé sa partition de Rédemption. Et je crois bien que jamais Gounod ne lui a dit ce qu'il en pensait. Il en avait écrit une lui-même, alors...

César Franck a été le musicien le plus méconnu de son temps. Il apportait une formule nouvelle. Il a été un créateur et comme tous les vrais créateurs il n'a pas été compris. Reste à comparer les fureurs, les exaspérations de Berlioz avec la Sainte patience de César Franck, le fiel de l'un avec la douceur angélique de l'autre.

Et à côté du cousin César, comment pourrais-je oublier sa femme, la cousine Félicité, la cousine Tété, comme on l'appelait ! C'était le nom dont l'appelait son amie d'enfance, la tante Claire et ce nom lui était resté parmi nos parents, la Tiche, comme l'appelait l'oncle Brissaud.

Petite fille de Baptiste aîné, petite nièce de Baptiste cadet, fille de Desmousseaux et de Madame Desmousseaux, c'était la femme la plus prodigieusement originale, la plus foncièrement comique que je n'aie jamais connue. Sa figure, sa voix, ses bras, sa coiffure, son habillement. Tout était comique en elle. Et elle a été immuablement la même jusqu'à sa mort. En 1917 ou 18, elle avait ce mot admirable dans son exaspération de cette guerre dont on ne voyait jamais la fin : « Ils ne pourraient donc pas en finir avec une bonne bataille rangée ! » et elle le pensait comme elle le disait.

Dieu sait si elle aimait son « Papa César » ! Mais il faut reconnaître qu'au point de vue de sa carrière, elle était bien la dernière femme qu'il lui eût fallu. Elle l'admirait, mais il lui manquait la foi du charbonnier. Elle en était restée à la musique de 1830, comme elle en portait encore les bonnets à brides. Elle avait une grande éducation musicale, comme elle était aussi une admirable éducatrice ; car elle donnait des leçons de piano, elle aussi. Mais sa place n'était pas à côté d'un créateur, d'un précurseur.

Elle admirait son mari, elle savait toute sa valeur et le mettait bien au-dessus de ses contemporains. Mais elle était malgré tout bien trop esclave de son éducation musicale classique, bien trop entière dans ses goûts et dans ses façons de voir, pour n'être pas injuste en face de certaines œuvres de son mari, pour admettre la forme nouvelle que le Génie de Franck avait revêtue avec les années. Son admiration restait entière pour ses premières œuvres, mais elle était en lutte continuelle avec lui pour les nouvelles. Elle était restée en arrière, tandis que son mari se transformait et écrivait ses plus belles pages.

Que de fois, tandis que le cousin Franck était en train de composer à son piano à queue, elle ouvrait la porte de sa chambre pour lui dire, avec l'accent qui n'appartenait qu'à elle : "Je n'aime pas ça !"

Le cousin Franck avait alors un geste d'impatience et continuait sans se troubler.

Le cousin Franck avait composé un jour un petit chœur pour une institution de jeunes filles dans laquelle il dirigeait les études musicales. Le chœur remporta un énorme succès et on lui en demanda d'autres. Il en composa alors une série de quatre ou cinq qu'il fit entendre un soir à la famille réunie. La cousine Tété était là, bien entendu.

Le premier chœur retrouva son succès initial. Chacun des nouveaux avait les applaudissements de tous mais, après chacun d'eux, la cousine, tout en applaudissant, croyait devoir ajouter :"Mais j'aime mieux le premier". Le cousin Franck souriait à sa femme de sa bonne figure. Enfin, après le dernier, comme tout le monde lui disait son ravissement, le cousin Franck se tournait vers sa femme et, sans méchanceté, mais en la parodiant :"Mais j'aime mieux le premier", lui dit-il. Et tout le monde de s'esclaffer, la cousine la première, en essuyant sur sa figure les larmes de son rire. Car elle ne savait pas rire sans en pleurer.

Après la mort de son mari, alors que son fils Georges jouait à quatre mains la symphonie en ré mineur avec sa petite fille Thérèse, la cousine Franck, comme quinze ans avant, quand elle entendait son mari la composer, se promenait à grands pas dans le salon, les bras croisés derrière le dos, avec son éternel bonnet à brides, en s'exclamant :"Décidément, je n'aime pas ça ! Je n'aimerai jamais ça !"

C'était alors une bruyante indignation de Georges, mais sa mère ne capitulait pas : « Elle n'aimait pas ça ».

Elle était comme Diemer, le grand pianiste, qui avait d'ailleurs une très réelle admiration pour Franck, mais qui ne lui pardonnait pas d'avoir amalgamé, dans son second mouvement de cette symphonie un andante et un scherzo, alors qu'il eut dû écrire, disait-il, deux morceaux distincts au lieu de les amalgamer. Lui aussi, « il n'aimait pas cela ». Mais il n'avait pas le bel accent tranchant et définitif de la cousine Tété.

Pauvre cousine Tété ! Elle adorait son Papa César, mais elle était incapable de faire une concession de quelque nature que ce fût pour aider à sa carrière. Je suis sûr qu'elle n'entrevoyait même ce qu'elle eut pu faire pour cela. Elle n'a jamais su, même, faire l'effort d'aller assister à une exécution quelconque de ses œuvres. L'a-t-elle seulement engagé à aller dans le monde ? L'y a-t-elle jamais poussé ? Je ne puis le croire, car elle était la femme la plus casanière que j'aie connue. Je n'ai pas le souvenir de l'avoir vue jamais en dehors de chez elle.

Elle était confinée d'une façon absolue dans les soins de son intérieur, en dehors des quelques leçons qu'elle donnait chez elle.

Jusqu'à sa mort, elle n'a jamais laissé faire, à qui que ce soit, son lit et ses lampes. Elle seule avait le droit d'y toucher. Elle faisait son ménage parce qu'elle n'admettait que personne pût le bien faire en dehors d'elle.

Elle portait, à la fin de sa vie, la même forme de robe qu'elle portait à l'époque où j'étais enfant. Peut-être était-ce la même qu'à l'époque de son mariage. Je n'en serais pas surpris.

Je ne l'ai jamais vue qu'en bonnet blanc à brides. Mais il fallait, par exemple, que tout cela fût de première qualité, comme pour sa table. Son beurre devait être le plus exquis qui fût. Son café venait de chez Corcellet. Il ne fallait pas lui parler de chicorée dans le café au lait du matin. Une discussion entre elle et la Tante Claire, à ce sujet, est restée célèbre dans la famille.

Pour la viande rouge, elle n'admettait ni le rosbeef ni le rumsteck : elle n'admettait que le filet. Elle était, en un mot, l'esclave de ses préjugés, de ses habitudes et de ses manies.

Avec tout cela, une femme exquise, nous adorant tous, et spirituelle jusqu'au bout des ongles. Elle adorait son mari, elle était pleine d'admiration pour lui, mais elle n'a jamais su prendre sur elle de faire l'effort nécessaire pour lui donner le plaisir de la voir venir assister à une audition de ses œuvres, et les occasions étaient bien rares cependant. Il eût fallu qu'elle sortît de chez elle et cela, il ne fallait pas penser à l'obtenir d'elle. Elle considérait aussi qu'elle eut dû, pour cela, se faire faire une robe neuve, et cela, c'était encore toute une affaire.

Après la mort du cousin Franck, sa petite fille Thérèse, après bien des luttes, finit par obtenir qu'elle vînt entendre une exécution de *Psyché* au Conservatoire. Elle aimait beaucoup *Psyché*. Il fallut, par malheur, qu'elle oubliât son billet chez elle et c'est au moment d'entrer dans la salle qu'elle s'en aperçut. Thérèse était navrée. Thérèse voulait qu'elle se nommât, qu'elle dît qu'elle était Madame César Franck. Elle n'y consentit jamais et toutes deux rentrèrent chez elles sans avoir entendu *Psyché* !

Elle n'a finalement jamais entendu exécuter une œuvre de son mari. Nous pouvons croire hardiment qu'il n'y eut jamais femme de compositeur taillée sur son patron. »

Parlant de sa sœur Cécile

« Le cousin Franck, lui, le grand maître, donna à Cécile des qualités qui lui étaient personnelles, des qualités d'attaque, de son de chant, qui étaient des qualités d'organiste et qu'il retrouvait sur le piano. Il lui insuffla quelque chose de lui-même qui fit que Cécile devint l'interprète inégalée de l'œuvre pianistique du maître. Personne ne saura jamais comme elle faire sortir de son œuvre l'âme de Franck. Personne ne saura jamais comme elle chanter au piano une phrase de Franck. Après elle, jamais plus personne ne saura jouer le Franck comme elle l'aura joué, parce que personne comme elle n'aura subi l'emprise du Maître disparu.

Après qu'elle ait été imprégnée du génie de Franck, il lui manquait pourtant encore certaines qualités toutes féminines de charme et de délicatesse qui n'étaient pas dans son tempérament et que l'enseignement de Madame Massart au Conservatoire devait lui donner. À elle, elle dut d'acquérir par le travail les qualités qui devaient la parfaire ! Que de beaux souvenirs ! Que d'admirables jouissances musicales nous lui devons, nous, ses frères et sœurs ! Elle aura rempli toute ma jeunesse de merveilleux concerts intimes. Grâce à elle, j'aurai presque tout connu des grands musiciens classiques et avec quelle interprétation de sa part ! Peut-être même parfois, pouvons-nous n'être pas toujours justes car il nous est impossible d'entendre interprétées par d'autres les œuvres qu'elle nous a révélées sans que son interprétation à elle s'impose à nous.

Elle aura été une admirable pianiste. Elle aurait pu être aussi une admirable chanteuse. Elle avait un organe d'un timbre particulièrement prenant et d'un accent rare. Elle avait les qualités de chant de notre mère avec une voix analogue. Son rare tempérament d'artiste vibrait dans sa voix comme sous ses doigts, avec force et puissance (...) »

Parlant de son père

« Il était bien, comme tous les gens de son âge, rétif à certaine musique plus avancée que celle de sa jeunesse. C'est ainsi qu'il disait que Schumann ne lui donnait jamais un plaisir complet. J'ai souvenir de lui à Portrieux où nous étions allés passer les mois de vacances, fuyant bien loin le piano de Cécile qui travaillait alors pour la première fois *Prélude-aria et final* de Franck. Il était exaspéré, le pauvre papa, et n'en faisait pas mystère. Et moi, cependant, quelle étrange chose, j'avais de la joie à écouter le débrouillage de cette œuvre de Franck. Cela ne me rebutait pas d'entendre ma sœur recommencer indéfiniment les mêmes passages. Comment expliquer cela ? Comment expliquer que, quelques années après, cette même œuvre était familière aux oreilles de nos jeunes neveux Brissaud qui la fredonnaient comme ils eussent fait d'une vieille chanson ? Et c'est là une constatation qui me rend bien timide aujourd'hui quand j'écoute certaines œuvres de nos musiciens modernes qui me donnent l'envie de me boucher les oreilles avec horreur et qui font que je me demande parfois s'ils ne se f… pas de nous. Ai-je le droit de crier à l'insanité quand je me souviens de l'accueil fait aux œuvres de Franck il y a cinquante ans ? Je mourrai sans savoir le sort réservé par l'avenir aux Honegger, Florent Schmidt, Darius Milhaud, et tant d'autres qui m'affolent. Je les écoute mais je ne les entends pas. Ils n'éveillent rien en moi, ni satisfaction, ni émotion et j'ai peur d'être injuste envers eux. (…) »

« Souvenirs de Collège » par M. Lousteau

> *Un certain M. Lousteau fut élève du collège de l'Immaculée-Conception, rue de Vaugirard à Paris. Les jésuites y enseignaient depuis 1852 sous la direction du Père Pierre Olivaint. César Franck y enseigna le piano plusieurs années, après 1860. Rédigé en 1868, cet article[197] quasiment inédit dans son ensemble, décrit quelques souvenirs pittoresques du musicien, sous la double casquette de professeur et d'organiste.*

« Il ne me parait guère possible qu'un seul élève de Vaugirard, de ceux qui s'y trouvaient à la fin de l'Empire, ait pu oublier un petit monsieur maigre, leste, trottinant, toujours pressé et marchant cependant à petits pas, habillé de jaquettes étriquées qui avaient l'air de celles de son petit frère, de gilets trop courts et de pantalon trop étroits qui laissaient, comme on dit, de la place pour les sous-pieds, au-dessus de souliers à cordons où tirebouchonnaient des chaussettes de couleurs criardes. On le rencontrait constamment courant dans les corridors, allant chercher un élève, en ramenant un autre, se frottant nerveusement les mains, de longues mains effilées qui sortaient de manches trop courtes, comme le gilet et comme le pantalon, et qui avaient l'air d'avoir six phalanges.

Avec tout cela, une tête délicieuse et laide, une figure curieusement socratique encadrée de petits favoris en collier et d'une chevelure de boucles noires, où respirait la plus belle âme, la plus sereine, la plus heureuse, la plus souriante, qu'on puisse voir sur un visage !

Tel était, à Vaugirard, aux environs de 1868 et 1869, « monsieur Franck », professeur de musique dans la division de rhétorique et de philosophie. Il donnait ses leçons dans une petite salle vitrée, ouvrant directement sur la cour de récréations, et où il avait, sur une petite estrade, un piano à pédalier…

* * *

---

197 Paru dans *Le Gaulois* du 23 novembre 1903.

Quand je traverse aujourd'hui le square de Sainte-Clotilde, et que j'y passe devant le monument de l'excellent homme qui devait être une des gloires de la musique Française, le bon « monsieur Franck » de Vaugirard ressuscite ainsi devant moi avec toutes ses originalité, et je revois aussi, en même temps que lui les autres professeurs de chant, de piano, de violon, de basse, de piston, qui venaient également donner des leçons, et qu'on rencontrait, comme lui, dans les cours et dans les couloirs (...).

Tous ces professeurs, en général, étaient aimés des élèves, et je ne m'en rappelle même pas un seul qui ne l'ai pas été. Mais « monsieur Franck » au milieu d'eux, jouissait déjà, dès cette époque, d'une affection et d'une popularité à part. Malgré toutes les bizarreries et toutes les négligences de sa toilette, toutes les drôleries de sa personne, ses jaquettes extraordinaires, ses pantalons sans précédents, ses chaussettes comme on n'en avait jamais vu, la coupe inusitée de sa chevelure à boucles et de ses favoris en collier autour de son sourire à la fois exquis et camard, il exerçait dans la maison même où il professait et auprès de ses collègues comme auprès de ses élèves, un prestige presque mystérieux.

Tout en riant de son costume et de son physique, on se le montrait avec une admiration spéciale, et on se disait tout bas, quand il passait près de vous avec ses jambes trop grêles dans son pantalon trop court, et ses grandes mains trop longues où semblaient se déployer un trop grand nombre de phalanges, on se disait en baissant la voix qu'on voyait passer là un des grands musiciens du siècle *qui jouerait de l'orgue.* – « Demain, c'est Franck qui doit jouer... » – Et le lendemain, à la chapelle, on attendait avec une véritable anxiété. On se regardait ; on tournait la tête ; on cherchait à le voir, à la tribune, si on n'apercevait pas le sourire camard, la chevelure bouclée, et les favoris en collier. Puis l'orgue commençait et on était fixé, dès les premières notes. C'était bien lui, il avait un jeu qu'on reconnaissait tout de suite, et on écoutait alors avec dévotion, en se lançant des petits coups d'œil aux passages où la fugue semblait plus particulièrement se compliquer. On avait positivement la conscience d'entendre de la musique comme n'en entendaient pas beaucoup de gens... Ou bien, et cela habituellement, on venait aussi guetter, à la porte vitrée de la salle où il donnait ses leçons, s'il ne jouerait pas quelque chose. On complotait même ce petit régal avec l'élève qui devait prendre la leçon. « – Dis-lui de jouer un morceau, hein ? – Oui. – N'oublie pas ! – Non... ».

Et pendant que le bon M. Franck jouait le morceau, une dizaine de petites figures extasiées étaient là, immobiles, en silence, collées au vitrage et regardant se plaquer sur les touches les grandes mains d'araignées, sortant des manches trop courtes, les boucles de la tête s'agiter en cadence au-dessus des favoris, et les souliers à cordons, où tirebouchonnaient les chaussettes, danser sur le pédalier...

Et il faut bien encore me rappeler un souvenir sans lequel la physionomie de « monsieur Franck » ne serait pas complète. Parmi toutes les choses merveilleuses que nous nous racontions sur lui, il y en avait une qui n'était pas sans nous faire une grande impression, et qui ajoutait encore au caractère mystérieux de ce professeur de musique qui avait à la fois tant de génie et une tête si drôle, un air si délicieusement bon, et une si comique façon de s'habiller... On le disait d'une piété de saint, et cela nous ébaubissait chez un artiste (...).

Nous l'apercevions, dans l'avenir, sur une belle image, avec un nimbe autour de sa singulière figure, mais dont l'expression, effectivement, respirait une douceur, un bonheur, une honnêteté, qui n'étaient presque pas terrestre.

En attendant la canonisation, le monument est déjà venu, et ce qu'il n'y aura pas eu de moins remarquable, si le grand compositeur était véritablement un saint, c'est que son buste aura été inauguré par le gouvernement de M. Combes, et qu'à la suite de l'inauguration, l'harmonieux et glorieux inauguré, sous prétexte de musique à entendre, aura mené tous ses inaugurateurs à l'église, y compris les membres du Ministère !... »

Exemples musicaux

Ex. 1 : **Trio, Op. 1 n°1** : *Andante con moto*

Ex. 2 : **Pièce héroïque** pour orgue

Ex. 3 : **Les Béatitudes** : *Prologue* (thème cyclique)

Ex. 4 : **Quintette** : *Molto moderato quasi lento*

Ex. 5 : **Sonate pour violon et piano** : *Allegro ben Moderato*

Ex. 6 : **Sonate pour violon et piano** : *Allegretto poco mosso*

Ex. 7 : **Symphonie en ré mineur**

Ex. 8 : **Ghiselle** : *Prélude du Second Acte*

Ex. 9 : **Rédemption** : *Interlude symphonique*

Ex. 10 : **Psyché** : *Les jardins d'Éros*

Ex. 11 : **Quatuor**

Ex. 12 : **Quintette :** *Allegro* (thème cyclique)

Ex. 13 : **Sonate pour violon et piano :** *Recitativo–Fantasia*

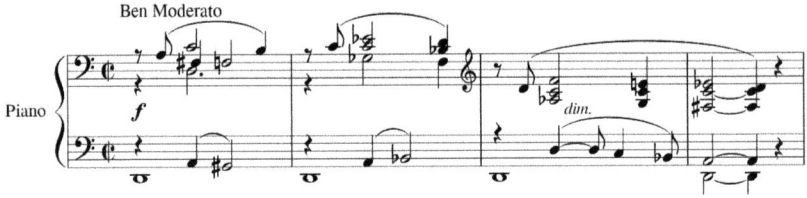

Ex. 14 : **Fantaisie en ut** pour orgue

Documents photographiques

1 – La maison natale de Franck à Liège. Coll. Part.

176 | *Documents photographiques*

2 – Catherine Franck, mère de César-Auguste. Coll. Part.

3 – Nicolas-Joseph, père de César-Auguste. Coll. Part.

Documents photographiques | 177

4 – Ancien Conservatoire Royal de Liège, rue St Pierre. Coll. Part.

5 – Liège à l'époque de Franck : dessin de la ville et de l'église St Martin. Coll. Part.

178 | *Documents photographiques*

6 – César Franck en 1852.

7 – Le Palais du Trocadéro à Paris, fin du XIXème. Coll. Part.

Documents photographiques | 179

8 – Basilique Sainte-Clotilde, fin XIXème. Coll. Victor Weller.

9 – Grand orgue de Sainte-Clotilde vers 1920. Coll. Victor Weller.

10 – César Franck vers 1862. Coll. Part.

11 – Manuscrit extrait de *Rédemption*. Coll. Part.

12 – Manuscrit extrait des *Béatitudes*. Coll. Part.

182 | *Documents photographiques*

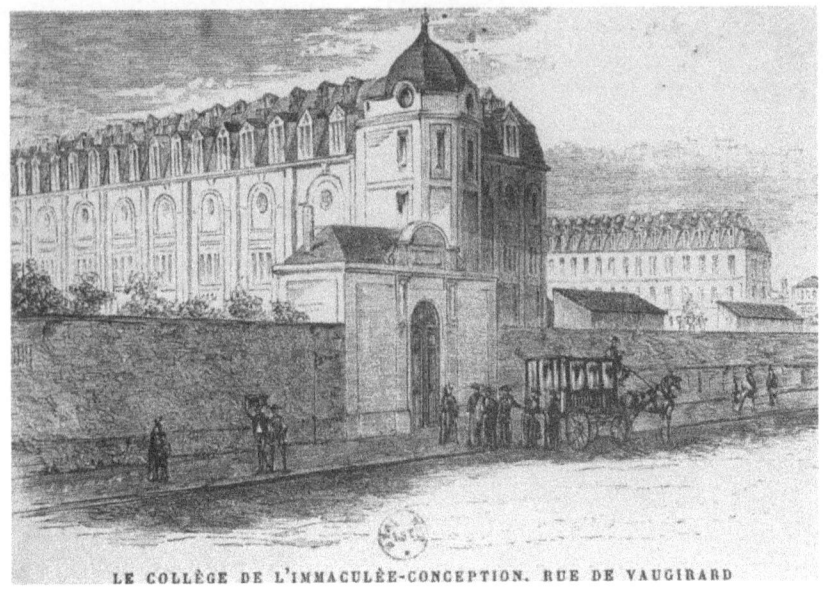

13 – Collège de la rue de Vaugirard, à l'époque de Franck. Coll. Part.

14 – Demeure de Franck, boulevard St Germain. Coll. Famille Geffroy.

Documents photographiques | 183

15 – Georges Franck enfant. Coll. Famille Geffroy.

16 – Germain Franck enfant. Coll. Famille Geffroy.

184 | *Documents photographiques*

17 – Georges Franck. Coll. Famille Geffroy.

18 – Félicité Franck. Coll. Famille Geffroy.

Documents photographiques | 185

19 – Augusta Holmès. *Le Journal illustre*, 22 sept. 1889. Coll. Part.

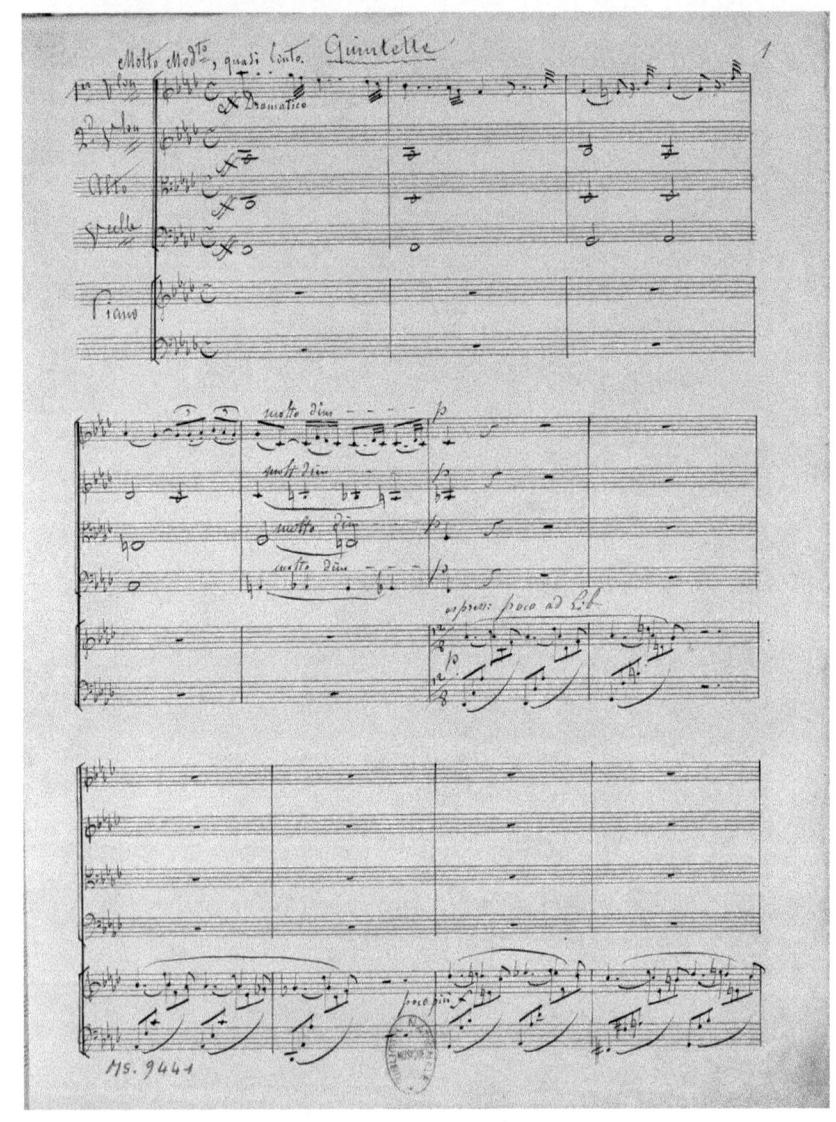

20 – Manuscrit du début du *Quintette*.

21 – Ysaÿe et Pugno. Coll. Part.

22 – La classe de César Franck in « Accords perdus », *L'ouvreuse du cirque d'été*, 1898. Caricature de José Engel. Coll. Part.

23 – Manuscrit extrait de *Ghiselle*. Coll. Part.

Documents photographiques | 189

24 – Franck vers 1890. Coll. Part.

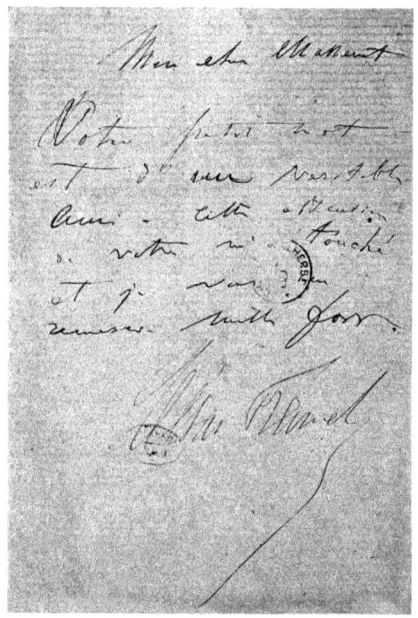

25 – Lettre de Franck à Massenet. Coll. Part.

26 – Manuscrit du début du *Troisième Choral*. Coll. Famille Geffroy.

27 – Manuscrit de la fin du *Troisième Choral*. Coll. Famille Geffroy.

28 – Médaillon de Rodin (original). Tombeau de Franck au cimetière Montparnasse (vers 1940). Coll. Part.

29 – Monument César Franck, square de Sainte-Clotilde. Coll. Part.

30 – Inauguration du monument de Franck, square de Sainte. Clotilde. D'Indy, Guilmant, entourés de disciples de Franck. Coll. Part.

31 – Certificat de décès de Franck et acte de sépulture. Coll. Victor Weller.

32 –. « Détail du buste de César Franck réalisé par Adelin Salle » (photo A) et « Sculpture des Trois Muses », avec dans son socle le médaillon représentant César Franck. Don de la ville Paris à la ville de Liège. (photo B). Salle Philharmonique de Liège. (Coll.Part.)

Bibliographie sélective

Barraqué, Jean, *Debussy*, coll. « Solfèges », Paris, Seuil, 1962.
Beauvois, Jean-Léon, *Prélude aria et final avec César Franck cinquante ans de musique française (1830–1880),* Presses Universitaires de Grenoble, 1990.
Berlioz, Hector, *Mémoires*, Paris, coll. « Harmoniques », Flammarion, 1991.
Bernard, Robert, « *César Franck et son école* », *Histoire de la Musique*, Paris, Fernand Nathan, 1969.
Besingrand, Franck, *Louis Vierne*, Paris, Bleu nuit éditeur, 2011.
—, *Henry Duparc*, Paris, Bleu nuit éditeur, 2019.
Bonnaire, Jacques, *Massenet,* Arles, Actes Sud, 2011.
Bréville, Pierre de, « César Franck », *Encyclopédie de la Musique et Dictionnaire du Conservatoire,* Paris, Delagrave, 1925.
Bruneau, Alfred, *Musiques d'hier et de demain*, Paris, Fasquelle, 1900.
—, *Massenet*, Paris, Delagrave, 1935 ; réédition, Paris, Bleu nuit éditeur, 2012.
Buenzod, Emmanuel, *César Franck*, Paris, Seghers, 1966.
Chabrier, Emmanuel, *Correspondances*, Paris, Klincksieck éditions, 1994.
Chion, Marcel, *Le poème symphonique et la musique à programme*, Paris, Fayard, 1993.
Colling, Alfred, *César Franck ou le concert spirituel*, Paris, Gallimard, 1951.
Condé, Gérard, *Gounod,* Paris, Fayard, 2009.
Cortot, Alfred, *La Musique française de piano*, Paris, Rieder, 1930.
Debussy, Claude, *Monsieur Croche et autres écrits* (édition critique de François Lesure), Paris, Gallimard, 1987.

Bibliographie sélective

Deliège, Célestin, « César Franck et le jugement de goût », « César Franck et son temps » (Actes du colloque de l'Université de Liège en 1990, réunis par Philippe Vendrix), Bruxelles, *Revue belge de musicologie*, vol. 45, 1991.

Derepas, Gustave, *César Franck, Étude sur sa Vie, son Enseignement, son Œuvre*, Paris, Fischbacher, 1897.

Dewonck, Philippe, « César Franck, maître de la musique moderne », Bruxelles, *Revue belge de musicologie*, vol. 52, 1998.

Dubois, Henri, *Souvenirs de ma vie*, Lyon, Symétrie, 2009.

Duménil, René, *Portraits de musiciens français*, Paris, Librairie Plon, 1938.

Dufourcq, Norbert, *Autour de Coquard, César Franck et Vincent d'Indy*, Paris, Édition du Coudrier, 1952.

—, *César Franck*, Paris, La colombe, 1949.

—, *La Musique d'orgue française de Jehan Titelouze à Jehan Alain*, Floury, Paris, 1949.

Duparc, Henri, *Lettre à Jean Cras, le fils de mon âme* (présentées par Stéphane Topakian), Lyon, Symétrie, 2009.

Dukas, Paul, *Écrits sur la Musique*, Paris, Société d'Éditions Françaises et Internationales, 1948.

Emmanuel, Maurice, *César Franck*, Paris, Henri Laurens, 1930.

Einstein, Alfred, *La Musique Romantique*, Paris, Gallimard, 1984.

Falla, Manuel de, *Écrits sur la musique et les musiciens*, Arles, Actes Sud, 1992.

Fauquet, Joël-Marie, *César Franck*, Paris, Fayard, 1999.

—, *Dictionnaire de la musique en France au XIème siècle*, Paris, Fayard, 2003.

Fauré, Gabriel, *Opinions musicales*, Paris, Rieder, 1930.

Ferrard, Jean, « L'œuvre pour orgue de César Franck, sources et éditions » « César Franck et son temps », Bruxelles, *Revue belge de musicologie*, vol. 45, 1991.

Franck, César, *Correspondance* (réunie, annotée et présentée par Joël-Marie Fauquet), Liège, Mardaga, 1998.

François-Sappey, Brigitte, *Guide de la mélodie et du lied* (en collaboration avec Gilles Cantagrel), Paris, Fayard, 1994.

—, *La musique en France depuis 1870*, Paris, Fayard, 2013.

Gallois, Jean, *César Franck*, coll. « Solfèges », Paris, Seuil, 1966.

—, *Ernest Chausson*, Paris, Fayard, 1994.

—, *Saint-Saëns*, Liège, Mardaga, 2004.

Gefen, Gérard, *Augusta Holmès l'outrancière*, Paris, Belfond, 1988.

Gounod, Charles, *Mémoires d'un artiste*, Paris, Calmann-Lévy, 1896. Nouvelle édition revue et complétée, présentée par Gérard Condé, Arles, Actes Sud Palazzetto Bru Zane, 2018.

Indy, Vincent d', *César Franck*, Paris, Félix Alcan, 1906. Réédition avec préface de J. P. Calmont « L'hagiographie du Pater Séraphicus », Paris, Michel de Maule, 1987.

—, *Ma Vie, Correspondance et journal de jeunesse* (présentation de Marie d'Indy), Paris, Séguier, 2001.

Jaquet-Langlais, Marie-Louise, « Les Six Pièces », *L'Orgue Cahiers et Mémoire*, n° 44, 1990.

—, « Le manuscrit du Trocadéro », « César Franck et son temps », Bruxelles, *Revue belge de musicologie*, vol. 45, 1991.

Jardillier, Robert, *La musique de chambre de César Franck*, Paris, Mellottée, 1929.

Kunel, Maurice, *César Franck l'homme et son œuvre*, Paris, Grasset, 1947.
—, *César Franck inconnu (1822–1890)*, Bruxelles, La Renaissance du Livre, 1958.
Lacombe, Hervé, *Les voies de l'opéra français au XIXème siècle*, Paris, Fayard, 1997.
Landormy, Paul, *La musique française de Franck à Debussy*, Gallimard, 1943.
Lebrun, Éric, *César Franck*, Paris, Bleu nuit éditeur, 2012.
Liszt, Franz, *Pages romantiques*, Paris, Librairie Félix Alkan, 1912.
Massenet, Jules, *Mes Souvenirs* (édition commentée par Gérard Condé), Paris, Éditions Plume, 1992.
Mauclair, Camille, *La religion et la musique*, Paris, Fischbacher, 1909.
Milhaud, Darius, *Notes sur la musique, Essais et Chroniques* (textes réunis par Jeremy Drake), Paris, Flammarion, 1982.
Mirbeau Octave, « César Franck et Monsieur Gounod », *Des artistes*, 2ème série, Paris, Flammarion, 1923.
Nectoux, Jean-Michel, *Gabriel Fauré*, Paris, Flammarion, 1990.
Ravel, Maurice, *Lettres, écrits, entretiens* (édition critique de Arbie Orenstein), Paris, Flammarion, 1989.
Rolland, Manuel, *Musiciens d'aujourd'hui*, Paris, Hachette, 1908.
—, *Mémoires*, Paris, Albin Michel, 1952.
Sabatier, François, *César Franck et l'orgue*, coll. « Que sais-je ? », Paris, Presses Universitaires de France, 1982.
—, « Auguste Rodin et César Franck. Essai d'une étude comparée », « César Franck et son temps », Bruxelles, *Revue belge de musicologie*, vol. 45, 1991.
—, *La Musique dans la Prose Française, Des Lumières à Marcel Proust*, Paris, Fayard, 2004.
Saint-Saëns, Camille, *Harmonie et mélodie*, Paris, Lévy, 1885.
—, *Au courant de la vie*, Paris, Dorbon, 1914.
—, *Les Idées de M. Vincent d'Indy*, Paris, Lafitte, 1919.
Sogny, Michel, *L'admiration créatrice chez Liszt*, Paris, Buchet-Chastel, 1975.
Séré, Octave, *Musiciens français d'aujourd'hui*, Paris, Mercure de France, 1911.
Sérieyx, Auguste, « César Franck », *Musiciens célèbres*, Paris, Mazenod, 1949.
Servières, Georges, *La musique française moderne*, Paris, G. Haward, 1897.
Suares, André, *Sur la Musique*, Arles, Actes Sud, 2003.
Sumazeuilh, Gustave, *Musiciens de mon temps. Chroniques et souvenirs*, Paris, La Renaissance du livre, 1947.
Thiellay, Jean-Philippe, Meyerbeer, Arles, Actes Sud, 2018.
Tournemire, Charles, *César Franck*, Paris, Delagrave, 1931.
—, « Mémoires » (édition critique), Paris, *Chroniques de l'Orgue*, n° 321–324, 2018.
Tubeuf, André, *Schubert L'ami Franz*, Arles, Actes-Sud, 2021.
Vallas, Léon, *La véritable histoire de César Franck*, Paris, Flammarion, 1955.
—, *Vincent d'Indy*, Paris, Flammarion, 1949.
—, « César Franck », *Histoire de la musique*, Paris, La Pléiade, Gallimard, 1960.
Van den Borren, Charles, *L'œuvre dramatique de César Franck*, « Hulda », « Giselle », Bruxelles, Schott Frères, 1907.
—, *César Franck*, Bruxelles, La Renaissance du Livre, 1949.

Vierne, Louis, « Mes Souvenirs », Paris, *Cahiers et mémoires de l'Orgue*, n° 134, 1970.

—, « Journal » (fragments), *Cahiers et mémoires de l'Orgue*, n° 135, 1970.

Vuillermoz, Émile, « César Franck et ses disciples », *Histoire de la musique*, Paris, Librairie Arthème Fayard, 1949. Réédition, Fayard, 1979.

Willy (Henri Gauthier-Villars), *Lettres de l'Ouvreuse-Voyage Autour de la musique*, Paris, Vanier, 1890.

Ysaÿe, Antoine, *César Franck et son époque*, Bruxelles, Librairia, 1942.

Index des œuvres de César Franck

A

Andante quietoso 31
Ange et l'Enfant, L 35, 158

B

Béatitudes, Les 35, 36, 49, 54, 63, 65, 74, 110, 118, 129, 138, 149, 152

C

Cantabile 62, 103, 143
Cantique de Moÿse 46

Ce qu'on entend sur la montagne 36, 37, 119
Chasseur maudit, Le 52, 53, 68, 70, 71, 118, 119, 136, 151
Choral pour orgue n° 1 100
Choral pour orgue n° 2 100
Choral pour orgue n° 3 100
Cloches du soir, Les 91, 92

D

Dextera Domini 50
Domine non secundum 50
Duos à voix égale, Six 98
Djinns, Les 53, 71, 76, 110, 138

E

Éolides, Les 52, 60, 61, 72, 75, 110, 119
Émir de Bengador, L' 32

F

Fantaisie pour piano 116
Fantaisie en ut pour orgue 126
Fantaisie en la mineur pour orgue 41
Final pour orgue 44

G

Ghiselle 96, 98, 99, 110, 115, 117, 188
Grande Pièce symphonique 44, 74, 95, 109, 126, 134
Grand rondo pour piano 21

H

Hulda 69, 72–76, 82, 110, 115, 118, 119
Hymne à Jean Racine 91

L

Lied 51

M

Mariages des rose, Le 50
Messe en la 42, 72

N

Ninon 32
Nocturne 132

O

Organiste, L' 99

P

Panis angelicus 42, 103
Pastorale pour orgue 45
Plaintes des Israélite 45
Prélude, aria et final 63, 74, 164
Prélude, choral et fugue 45, 73, 82, 109, 133
Prélude, fugue et variation 45, 118
Psyché 54, 77, 82–84, 91, 96, 110, 125, 138, 153, 154, 163
Pièce héroïque 62
Première symphonie à grand orchestre 29
Procession 91, 92, 117
Psaume CL 77

Q

Quatuor à cordes 61, 96, 97
Quintette avec piano 66, 68, 126, 133

R

Rébecca 53, 69, 72

Rédemption 35, 49, 50, 52–54, 73, 88, 103, 107, 109, 118, 119, 125, 132, 156, 157, 161, 180
Ruth 32–34, 36, 51, 54, 98, 156

S

Second Grand concerto 29
Sept paroles du Christ, Les 42, 107
Soleil 35, 69
Sonate pour violon et piano 12, 77, 84, 119, 123, 133
Stradella 24, 119
Symphonie en ré 53, 83, 93–95, 98, 109, 118, 133, 136, 162

T

Tour de Babel, La 46
Trio n 1 29, 31, 43, 52, 126, 133
Trio n° 2 30, 51
Trio n° 3 30
Trio n° 4 30
Trois chorals 12, 97–100, 109, 143

V

Valet de ferme, Le 40, 41
Variations sur l'air du Pré-aux-clercs 21
Variations symphoniques 76
Vase brisé, Le 69

Index des noms de personnes

A

Adam, Adolphe 31, 33
Agoult, Marie d' 27, 28
Alkan, Charles-Valentin 24, 25, 28, 29, 31
Auber, Daniel-François, Esprit 107.

B

Bach, Johann Sebastian 11, 12, 47, 61, 73, 100, 101, 113
Baldensperger, Ferdinand 59, 137, 140
Balzac, Honoré de 22, 53
Bauer, Harold 45, 109
Barbey d'Aurevilly, Jules 53
Barraqué, Jean 59
Batiste, Édouard 41
Bauer, Harold 45
Beauvois, Jean-Léon 63

Beethoven, Ludwig van 11, 15, 29, 45, 88, 92, 95, 96, 100, 101, 123, 124, 133, 156
Belgiojoso, Cristina 28
Bellaigue, Camille 94
Bellini, Giacomo 23
Benoist, François 25, 54
Benoît, Camille 12, 13, 52, 95, 109
Berlioz, Hector 15, 22, 23, 25, 27, 33, 44, 65, 92, 96, 97, 107, 122, 131, 138, 161
Bergson, Henri 106
Bibesco, Antoine 87, 88
Bismarck, Otto von 49
Bizet, Georges 24, 44, 92, 120
Blanchard, Henri 26, 34
Bordes, Charles 43, 58, 59, 74, 77, 112, 135
Borren, Van den, Charles 115
Boschot, Alphonse 55, 60, 136
Boutet de Monvel (famille) 35

206 | *Index des noms de personnes*

Boutet de Monvel, Cécile 88, 102, 155
Boutet de Monvel, Félix 99, 102, 155
Brahms, Johannes 68, 92, 95, 96, 100, 117, 123, 156
Braque, Georges 123
Braud, Paul 98
Bréville, Pierre de 59, 79, 81, 96, 98, 99, 101, 129, 159
Brissaud, Claire 81, 99, 156, 158, 160, 161, 164
Bruckner, Anton 36, 92, 139
Bruneau, Alfred 59, 80, 136
Bruyr, José 82
Büsser, Henri 153
Bussine, Romain 51, 78

C

Calmont, Jean-Pierre 106, 112
Casals, Pablo 144
Cavaillé-Coll, Aristide 41, 43, 44, 54, 61, 77, 108, 141
Chabrier, Emmanuel 50, 59, 72, 73, 79, 94, 96, 103, 107, 120
Chantavoine, Jean 16
Charpentier, Gustave 56, 155
Castillon, Alexis de 51, 55, 116, 129
Chateaubriand, François-René de 36, 70, 139
Chausson, Arthur 55, 59, 63, 66, 67, 71, 72, 93, 98, 106, 110, 147, 159
Cherubini, Luigi 23, 24, 33, 120
Chopy-Franck, Thérèse 81, 82
Coquard, Arthur 47, 49, 55, 67, 79, 80, 96, 98, 99, 102
Colonne, Édouard 53, 61, 71, 75, 94, 157
Cortot, Alfred 73, 88, 115, 130
Cras, Jean 58

D

Daudet, Léon 66
Daussoigne-Méhul, Joseph 20, 23, 58
David, Eugène 50
David, Félicien 33, 61
Debussy, Claude 53, 59, 60, 63, 67, 69, 84, 93, 94, 97, 106, 108, 109, 115, 116, 121, 125, 130, 132, 149
Delibes, Léo 58, 94, 103, 107
Delacroix, Eugène 22, 33, 62
Delibes, Léo 58, 94, 103, 107
Deliège, Célestin 124
Derepas, Gustave 55
Desmousseaux (famille) 35
Desmousseaux, Félicité (Madame Franck) 35, 39, 158, 161
Diemer, Louis 162
Dubois, Théodore 47, 51, 54, 55, 62, 78, 148
Dufourcq, Norbert 43, 52, 80, 99, 102, 127, 131
Dukas, Paul 64, 93, 108, 109, 121
Duparc, Henri 47, 49, 50, 51, 55, 56, 58, 67–69, 71, 83, 93, 104, 106, 109, 110, 120, 133, 159
Dupuis, Sylvain 63, 91, 151

E

Emmanuel, Maurice 32, 53, 58, 63, 68, 75, 79, 93, 100, 105, 107, 126, 127, 137, 138, 147
Einstein, Alfred 43, 117
Érard, Sébastien 29
Ernst, Alfred 106
Expert, Henri 43

Index des noms de personnes | 207

F

Falla, Manuel de 122
Fauré, Gabriel 49–52, 69, 71–73, 84, 88, 94, 103, 122, 126, 134
Fauquet, Noël-Marie 41, 51, 76, 79, 81, 111, 115, 117, 119, 120, 130
Féréol, Augustin 39
Féréol, Claire (Brissaud) 35, 81
Féréol, Félix 157
Fischer, Edwin 91
Flaubert, Gustave 53
Franck, Georges 75, 83, 102, 108, 114, 115, 135, 183, 184
Franck, Germain 115, 183
Franck, Joseph 41, 154
Franck, Marie-Catherine 17
Franck, Nicolas-Joseph 17, 18, 21, 31–33, 35, 50, 176

G

Gambetta, Léon 49
Gallois, Jean 65, 78, 85, 86, 116, 131, 133, 139
Gauthier-Villars, Henry (dit Willy) 59, 150, 200
Gefen, Gérard 55
Gide, André 141
Gigout, Eugène 62, 103
Goethe, Johann Wolfgang von 36, 143
Gounod, Charles 24, 33, 40, 44, 92, 94, 107, 120, 122, 136, 140, 154, 156, 161
Guilmant, Alexandre 61, 103, 108, 112
Guaïta, Stanislas de 138

H

Habeneck, François-Antoine 27
Hahn, Reynaldo 86
Haydn, Joseph 92
Heller, Stephan 26
Hello, Ernest 138, 139, 143
Holmès, Augusta 55, 58, 65–67, 69, 116, 130, 148, 185
Honegger, Arthur 165
Hugo, Victor 18, 21, 22, 33, 36, 50, 53, 64, 71, 72, 138
Huysmans, Joris-Karl 53, 109, 138

I

Indy, Vincent d' 21, 25, 29, 42, 49, 51, 53–59, 63, 66, 67, 73–75, 78, 80, 83, 84, 92, 93, 97–103, 106, 109, 110, 112–115, 117, 120, 121, 123, 130, 133, 135, 139, 149, 159, 193
Ingres, Dominique 22

J

Jaëll, Marie 97
Jankélévitch, Vladimir 84
Jardillier, Robert 68

K

Kardec, Allan 138
Koechlin, Charles 92

L

Lacretelle, Jacques 86
Lalo, Édouard 50, 75, 92, 94, 97, 103, 120
Lamartine, Alfred de 22, 28, 33, 36, 37
Lazzari, Sylvio 97
Leborne, Aimé 24
Lebrun, Éric 137
Leconte de Lisle, Charles Marie René 60
Lefébure-Wély, Louis James Alfred 43
Lekeu, Guillaume 77, 84, 97, 101, 106, 110, 116, 124
Lemmens, Jacques-Nicolas 41
Le Verrier, Lucile 79
Liszt, Franz 11, 15, 16, 22, 25, 26–37, 40, 44–47, 62, 68, 71, 73, 77, 92, 95, 100, 101, 120, 124, 134, 135
Lousteau, M. 165

M

Magnard, Albéric 79, 93, 116
Mahler, Gustav 92, 139
Mallarmé, Stéphane 53, 66, 109
Mauclair, Camille 82, 100, 110, 121, 130
Maupassant, Guy de 53
Marmontel, Antoine-François 26, 28
Massenet, Jules 50, 56, 57, 120, 122, 155–157, 189
Méhul, Étienne 20, 23, 33, 58
Mendelssohn, Felix 16, 31, 44, 61, 92, 97, 156
Messager, André 59, 62, 72
Meyerbeer, Giacomo 23, 27, 31, 33, 34, 42, 107, 120
Milhaud, Darius 117, 165
Mirbeau, Octave 140
Monteux, Pierre 62

Mozart, Wolfgang Amadeus 21, 26, 107, 156

N

Napoléon III 41, 49, 107
Nerval, Gérard de 138
Niedermeyer, Louis 41, 42
Nietzche, Friedrich 65

O

Offenbach, Jacques 44, 107
Olivaint, Pierre 165
Ortigue, Joseph d' 47

P

Pape, Jean-Henri 25, 26, 29, 30, 37
Pascal, Blaise 143
Pasdeloup, Jules 44, 71, 82
Peladan, Joséphin 138
Pleyel, Marie 26
Pierné, Gabriel 56, 73, 80, 84, 116
Poulenc, Francis 122
Proust, Marcel 84–89, 137, 138
Pugno, Raoul 88, 187

R

Ravel, Maurice 84, 94, 116, 117, 122, 127
Rebatet, Lucien 117
Reicha, Anton 23, 26, 58
Renan, Ernest 139, 140
Rivière, Jacques 84

Rolland, Romain 69, 78, 94, 105, 106, 116, 136, 139, 150
Rongier, Jeanne 129
Ropartz, Guy 77, 89
Rossini, Gioachino 27, 107
Rougeaud, Paul 136
Rousseau, Jean-Jacques 107
Rousseau, Samuel 98

S

Sabatier, François 85, 86, 88
Sanches, Alice 50, 60, 69, 73
Sanches, Marthe 50, 69
Sand, Georges 22, 27, 28, 37, 53
Saint-Saëns, Camille 50–52, 55, 56, 60–62, 66–68, 70, 73, 74, 78, 80, 84–88, 92, 94, 103, 107–109, 111, 114, 120, 122, 123, 125, 136, 148, 156, 160
Schuré, Édouard 138
Schmidt, Florent 165
Scriabine, Alexandre 95
Selva, Blanche 73, 109
Servières, Georges 34
Schubert, Franz 15, 29, 32, 86, 92
Schumann, Clara 108
Schumann, Robert 26
Spohr, Louis 139
Spontini, Gaspare 23, 33
Stendhal (Henri Beyle) 22
Strauss, Richard 92, 139
Suarès, André 124

T

Tchaïkovski, Piotr Ilitch 75
Thalberg, Sigismund 26, 28, 29
Thomas, Ambroise 55, 58, 59, 83, 94, 103, 107, 126, 137, 140, 153, 154
Thiers, Adolphe 49
Tiersot, Julien 57, 70, 75, 99, 101, 102
Tolstoï, Léon 139
Tournemire, Charles 54, 100, 101, 116, 129, 141, 149

V

Valéry, Paul 125
Vallas, Léon 66, 67, 81, 112, 126, 130, 135, 140
Verlaine, Paul 52, 53, 104, 109
Viardot, Pauline 56, 111
Vierne, Louis 11, 44, 56, 57, 77, 84, 93, 97, 101, 103, 104, 108, 116, 130, 143, 149
Vigny, Alfred de 66
Vuillermoz, Émile 107, 121, 132

W

Wagner, Richard 11, 15, 22, 36, 44, 70, 74, 75, 78, 92, 95, 96, 107, 109, 110, 115, 127, 132, 136, 138, 150
Wailly, Paul de 110, 121
Weber, Carl Maria von 29
Widor, Charles-Marie 44, 57, 92, 95, 103

Y

Ysaÿe, Eugène 88, 91, 96, 98, 134, 137, 187

Z

Zimmerman, Pierre-Joseph-Guillaume 23, 24, 26, 28, 154
Zola, Émile 52, 53, 107

PETER LANG
PROMPT

Peter Lang Prompts offer our authors the opportunity to publish original research in small volumes that are shorter and more affordable than traditional academic monographs. With a faster production time, this concise model gives scholars the chance to publish time-sensitive research, open a forum for debate, and make an impact more quickly. Like all Peter Lang publications, Prompts are thoroughly peer reviewed and can even be included in series.

For further information, please contact:

editorial@peterlang.com

To order, please contact our Customer Service Department:

orders@peterlang.com

Visit our website: www.peterlang.com

Prompts include:

Franck Besingrand, *César Franck. Entre raison et passion*. ISBN 978-2-87574-601-6. 2022

www.ingramcontent.com/pod-product-compliance
Ingram Content Group UK Ltd.
Pitfield, Milton Keynes, MK11 3LW, UK
UKHW021826140426
5217IPUK00004B/101